现代图书馆图书资料管理与阅读推广

赵明东方 著

中国商业出版社

图书在版编目（CIP）数据

现代图书馆图书资料管理与阅读推广 / 赵明东方著.
北京：中国商业出版社，2024. 7. -- ISBN 978-7-5208-3043-0

Ⅰ. G253.5

中国国家版本馆CIP数据核字第2024TP3361号

责任编辑：袁娜

中国商业出版社出版发行

（www.zgsycb.com　100053　北京广安门内报国寺1号）

总编室：010-63180647　编辑室：010-83128926

发行部：010-83120835/8286

新华书店经销

福建省天一屏山印务有限公司印刷

*

710毫米×1000毫米　16开　10印张　170千字

2024年7月第1版　2024年7月第1次印刷

定价：52.00元

****

（如有印装质量问题可更换）

前　言

随着信息时代的到来,图书馆在图书资料管理及阅读推广方面的作用日益重要。在这个多元化的社会,图书馆不仅仅是存储书籍的地方,更是传播知识,激发阅读热情,培养终身阅读习惯的重要场所。

图书馆作为知识的宝库,其图书资料的管理工作至关重要。图书馆的图书资料包括各类书籍、期刊、图片、音频、视频等,种类繁多,数量庞大。有效的图书资料管理不仅可以确保图书资料的完整、准确,还可以提高图书馆的工作效率和服务质量。首先,高效的图书资料管理需要建立一套完善的信息管理系统,包括图书的编目、检索、借阅、归还等流程。通过数字化技术,可以实现图书资料的快速检索和借阅,提高读者的阅读体验;通过数据统计和分析,可以了解读者的阅读习惯和需求,为图书馆的资源采购和服务优化提供依据。其次,图书资料管理还需要注重资料的保护和保存。由于图书资料具有一定的历史和文化价值,因此需要采取适当的保护措施,如防潮、防虫、防火等;对于珍贵的和特殊的图书资料,还需要进行数字化备份和存储,以防止自然灾害或人为因素造成的损失。

阅读推广是现代图书馆的重要工作之一,旨在提高读者的阅读兴趣和阅读能力,培养读者良好的阅读习惯。首先,阅读推广可以提高图书馆的利用率和服务质量。通过开展各种形式的阅读推广活动,可以吸引更多的读者走进图书馆,了解图书馆的资源和服务,从而提高图书馆的利用率。同时,通过阅读推广活动,也可以提高读者的阅读兴趣和阅读能力,使图书馆成为读者学习、交流和分享的场所。其次,阅读推广有助于提升全民阅读水平。通过阅读推广活动,可以引导人们养成定期阅读的习惯,提高自身的文化素养和综合素质。最后,阅读推广有助于传承和弘扬传统文化。图书馆作为文化遗产的重要组成部分,具有保存和传承文化的重要使命。通过阅读推广活动,可以鼓励人们多读书、读好书,了解和传承优秀传统文化。

现代图书馆的图书资料管理和阅读推广工作对于图书馆的发展至关重

要。未来，随着信息技术的不断发展，图书馆的图书资料管理和阅读推广工作也将面临新的挑战和机遇。因此，图书馆需要不断探索和创新，以适应时代发展的需要，为读者提供更加优质的服务。

  本书围绕"现代图书馆图书资料管理与阅读推广"这一主题，由浅入深地阐述了现代图书馆与图书馆图书资料、现代图书馆图书资料管理的意义与目标、现代图书馆图书资料管理的理论体系，系统论述了现代图书馆图书资料管理的方法、现代图书馆图书资料的共享、现代图书馆图书资料配置机制与开发，深入探究了现代图书馆阅读推广服务以及现代图书馆阅读推广活动，以期为读者理解与践行现代图书馆图书资料管理与阅读推广提供有价值的参考和借鉴。本书内容翔实、条理清晰、逻辑合理，兼具理论性与实践性，适用于从事图书馆相关工作的专业人士。

目　　录

第一章　现代图书馆图书资料管理综述 1
第一节　现代图书馆与图书馆图书资料 1
第二节　现代图书馆图书资料管理的意义与目标 9
第三节　现代图书馆图书资料管理的理论体系 11

第二章　现代图书馆图书资料管理的方法 14
第一节　现代图书馆图书资料的采集 14
第二节　现代图书馆图书资料的整体布局 28
第三节　中文图书与期刊资料的管理 32

第三章　现代图书馆图书资料的共享 37
第一节　数字信息环境下图书馆图书资料共享的必要性 37
第二节　现代图书馆图书资料共享内容与模式 42
第三节　现代图书馆图书资料共享措施 45

第四章　现代图书馆图书资料配置机制与开发 50
第一节　现代图书馆图书资料配置机制 50
第二节　纸质图书资料的空间布局与用户开发 70
第三节　数字图书资料配置的组织与方法 79

第五章　现代图书馆阅读推广服务 91
第一节　现代图书馆阅读与阅读推广 91
第二节　现代图书馆阅读推广服务内容 98
第三节　现代图书馆阅读推广服务机制 105
第四节　现代图书馆阅读推广服务质量的提高 111

第六章　现代图书馆阅读推广活动 ………………………………………… **124**
　　第一节　现代图书馆经典阅读及其推广 ……………………………… 124
　　第二节　现代图书馆数字阅读及其推广 ……………………………… 130
　　第三节　现代新媒体与图书馆阅读推广 ……………………………… 140

结束语 ……………………………………………………………………… **148**

参考文献 …………………………………………………………………… **150**

第一章　现代图书馆图书资料管理综述

第一节　现代图书馆与图书馆图书资料

一、图书馆

(一)图书馆的内涵

图书馆是我们生活中常见的一项基本公共设施，尤其是在大城市和高校，都有面向公众或学生的图书馆，它与我们的生活息息相关。图书馆是收集、整理、收藏图书资料以供人们阅览、参考的机构，具有保存人类文化遗产、参与社会教育等职能。公元前3000年就已经出现了世界上最早的图书馆。"图书馆"是一个外来语，于19世纪末从日本传入我国。这种形式的图书馆是传统图书馆，其在过去很长一段时间里对社会的发展起到了重要作用。随着时代进步、社会发展，科学技术有了跨越式发展，以电子图书馆和数字图书馆为典型代表的新的图书馆类型产生了。

与传统图书馆相比，电子图书馆摒弃了纸质图书的馆藏模式，以电子形式来储存海量的图书信息，能够为人们提供更加便捷的阅读服务。

数字图书馆本质上是一门新兴的科学技术，我们可以将其认为是出现在新时期的新的社会事业。数字图书馆可借助多媒体工具和系统来存储海量的数字化图书资料，从而满足读者差异化的服务需求，让读者足不出户就能获得优质的图书信息检索和阅读服务。数字图书馆与实体图书馆是两个截然不同的概念和事物，前者更注重公共信息的统一管理与传播，往往以新的方式来为读者提供图书资料查阅和信息利用等服务。它对传统图书馆的资源组织模式进行了借鉴和吸收，依托先进的互联网和信息技术，为人们提供精准的信息检索服务，让读者摆脱了空间和时间的限制，既能节约读者的时间成本，还能提高读者的阅读效率。

图书馆是采集与撷取记录在各种媒体上的资讯知识，经过组织、整合与传播，提供自由利用和不限时间地点的资讯检索服务，以引导并便利人们的学习研究及经验交流，进而激发人类创造新文化，调适生活的机构。现代图书馆与传统图书馆的本质是一样的，它们的出现和发展都是为了向读者提供服务，二者之间的差距只表现在时代的局限性、技术的差异性上，虽然它们在表现形式上有所不同，但都为我们的阅读、学习、工作提供了巨大的帮助。

(二) 图书馆的重要性分析

对于一个国家、一个民族或者一个人来说，文化是不可缺少的精神支柱。我国五千多年的发展历史孕育出了悠久的中华传统文化，为中华民族的伟大复兴带来了不竭的动力和生机，也对人类社会文明的发展和进步产生了深刻的影响。随着时代的发展，世界各国逐渐意识到文化发展对于提升自身综合国力的重要性，于是纷纷加入文化创新和建设的行列中。简言之，大国之间的竞争和较量已经演变为文化的碰撞与交流，只有注重文化建设才能真正实现国富民强。图书馆是一个具有鲜明社会公益性的文化服务机构，肩负着社会文化建设与发展的重任。图书馆凭借海量的文献资料收藏为社会大众提供了差异化的信息服务，在提升个人文化素质和推动社会文化事业建设等方面都发挥了重要的作用，理应得到社会各界的关注和重视。

图书馆是文化传播和思想交互的中心，是推进社会主义精神文明建设的关键。无论是传承千年的人文经典，还是高精尖的核心技术，都可以在图书馆中知晓一二，这也是图书馆功能和价值的重要体现方式。社会大众享有查阅和使用图书馆图书资料的权利，享受由图书馆提供的各项信息服务。图书馆是信息传输、知识传播和文明传承的主要场所，是各种信息汇集交互的中心，承担着开展社会教育的责任。

随着社会发展，人们对文化知识越来越渴求，接受再次教育的期盼日益强烈。图书馆作为公共文化服务机构，具有很强的社会宣传教育功能，因其公益性、便利性和广泛性受到了广大人民群众的欢迎。它通过丰富的馆藏和各种媒介，传播先进的思想、科学技术和文化知识，在帮助群众提高自身素质、促进全民学习等方面都发挥着重要作用。图书馆广泛开展阅读、文艺表演等各类活动，丰富了人们日常生活，满足了人们对精神食粮的需要，这对文化事业推广、科学知识传播等起到了促进作用。

(三) 图书馆的作用

1. 宏观作用

(1) 保存人类文化遗产

图书馆肩负着保存人类文明的重任，是人类文化遗产得以传承和延续的重要场所。它将人类社会发展过程中获得的知识、文化和经验等保存下来，为后世积累了宝贵的财富，推动了人类文明的传承与发展。

(2) 开展社会教育

在进入工业时代后，社会的建设与发展对工人提出了新的要求。工人除了要熟练掌握各种劳动技能以外，还要学习丰富的劳动知识和经验。由此，图书馆与社会大众之间逐渐建立起牢固稳定的联系，在促进工人文化教育方面发挥了不可替代的作用，成为社会文化和文明建设、发展的主要场所。进入现代社会后，图书馆被赋予了新的职能和使命，在继续教育和终身教育等领域发挥了重要作用。

(3) 传递科学信息

现代图书馆的建设为科学情报和信息的传递提供了平台。图书馆收藏着海量的图书信息资料，为科学情报传递工作的组织与开展提供了充足的物质条件。信息时代图书馆的科学情报传递作用必然会持续增强，这也是社会发展和进步的结果。

(4) 开发智力资源

图书馆中收藏着的大量图书资料，都来自人类社会的长期发展和实践，是极其宝贵的智力资源和智慧结晶。图书馆可基于这些资源的整理、加工和处理，为人们提供多元化的信息服务，为人才的培养和利用创造有利的环境条件，这具有重要的教育价值和现实意义。

(5) 提供文化娱乐

图书馆是社会文化基础设施，同时也是文化教育机构。随着社会的进步，人民群众的生活水平日益提高，图书馆为其提供了丰富的文化娱乐活动，丰富和活跃了人民群众的文化生活，这在精神文明建设中起到了重要作用。

2. 微观作用

(1) 文献收集

文献收集是图书馆主要的工作内容，是图书馆各项功能得以发挥的基础和前提。图书馆馆员应深入了解本馆的收藏条件和范围，确定具体的收藏重点，提出统一的采选标准；同时，还应从整体上把握本馆的馆藏情况，统计和整理文献的种类与复本数，知晓可以剔除或需要补充的书刊。

(2) 文献整理

图书馆各项服务功能的发挥对文献整理有着较高的依赖性。文献整理的内容包含文献的类型划分、主题标引的归类、目录的编制及排列组合等。文献分类是分类目录和文献排架的参考标准，同时也是图书馆馆藏书籍统计和新书宣传的主要依据。文献分类和主题标引能够让读者更好地了解文献的内容，而文献著录则可以帮助读者精准识别文献的形式和特征，从而帮助读者快速找到所需的目标文献。图书馆应基于图书的款目来形成包含所有图书资料的目录，从而让读者在整体上知晓图书馆的馆藏情况，为后续的资料文献检索和使用作好准备。

(3) 文献典藏

文献典藏也是图书馆的重要功能之一，具体内容包括建立书库、图书顺序的重排、馆藏资源的整理和清点以及重点文献资料的保管和保护等。文献保护要求管理人员具备专业的技术和能力，除了完成图书的装订工作之外，还要负责破损图书的修补和恢复，并注意平时的防火、防潮和防光等。

(4) 图书馆服务

图书馆服务的内容包含多个方面，比如，吸引更多的读者前来参加各项阅读实践活动，为读者的科学研究提供专业的指导，在文献流通和阅读推广中满足读者的差异化需求，为读者提供阅读辅导服务，回复读者的咨询问题等。

(四) 图书馆的社会功能与社会价值

1. 图书馆的社会功能——素质教育

(1) 图书馆在素质教育中的作用

图书馆在素质教育中的作用主要表现在以下几个方面。

①图书馆在育人方面发挥着重要作用。图书馆从某种意义上可表述为知识的宝库，为全面素质教育的深度贯彻与落实提供了重要的场所和环境。人们可以借助图书馆中收藏的图书文献资源来提高自身的专业能力和综合素质，或是增长见识，扩大知识面，或是弥补自身在某些方面的不足。人们可结合各自的学习需要来选择和利用所需的馆藏文献资源，不断提升自身的学习能力和探究能力，从而实现自我完善和自我发展。由此可见，图书馆存储的馆藏文献有助于推动素质教育的发展，这是其他社会机构不具备的优势。

②图书馆的育人形式。图书馆教育不会受到时空的约束与限制，它以适当引导下的自我调理为原则，不要求统一，而强调个性的培养，通过特定环境中的特有氛围对读者进行熏染和陶冶，使他们在知识的海洋里自由进出。

③引导人们正确利用图书馆。教育是人才的基础，是社会的根本，图书馆必须切实发挥它应有的职能和作用。随着科技和社会发展的日新月异，图书馆不应局限于传统的工作方式，而要充分发挥自身优势，变被动为主动，通过多方位、多渠道的教学方式开展素质教育，努力营造自主、积极向上的学习氛围，使人们在学到知识的同时，养成良好的学习习惯，掌握分析问题、解决问题的能力，促进综合素质的提高。

④对图书馆馆员的培育。道德是人们对于自身所依存的社会关系的自觉反映形式，是依靠教育、舆论和人们内心信念的力量，来调整人们相互关系的观念、准则等的总和。职业道德是道德的一部分。职业道德是所有从业人员在职业活动中应该遵循的行为准则，涵盖了从业人员与服务对象、职业与职工、职业与职业之间的关系。因此，一名合格的图书馆馆员，首先必须是一个社会主义道德的模范遵守者。道德的最高价值在于实践，所以图书馆馆员应一生身体力行。具体而言，图书馆馆员应有强烈的事业心和社会责任感，热爱图书馆事业，坚持"读者第一，服务至上"，全心全意为读者服务。

有创新，才有技术革命，才有社会生产力的发展，创新能力已成为国民经济可持续发展的重要力量。在学校，有创新，才能培养出有竞争力的学生，图书馆也是如此，有创新，才能满足新一代读者的需求，才能和创新教育默契配合。图书馆要培养馆员勇于开拓、积极进取的创新意识、创新精神，助其打破思维定式，抛弃旧观念，开创工作新局面。

图书馆馆员应该是信息专家和信息工程师，是信息系统的建设者。在当前这个信息化时代，手工编目、手工检索已经不再符合时代要求，图书馆馆员应该依靠现代化网络信息系统开展相关工作。图书馆馆员应提高使用计算机的能力，能迅速将物理介质信息转化为数字信息。图书馆馆员有了网上查阅信息的能力，有了检索数据库的能力，有了熟练使用各种工具书的能力，才能为读者提供快速、准确、有效的服务。同时，要将图书馆馆员的继续教育制度化，鼓励馆员参加学术活动，鼓励馆员搞技术革新，鼓励馆员和读者共同搞科研。

(2) 图书馆建设是素质教育的重要阵地

素质教育包括思想道德、科学文化、身心素质、劳动技能和审美能力，以及与之相适应的教育观念、课程教育体系、教育教学、考试制度、教师激励措施、学校工作评估教育等运行机制。图书馆是人类精神财富的宝库，图书会对人们的精神世界产生潜移默化的影响。每本图书都凝结了人类的思想和智慧，特别是那些优秀的著作，思想深邃、内涵丰富，能够开拓人的思维和眼界，增长人的知识和才能，其作用是无可替代的。

图书馆的本质是为读者服务。图书馆馆员不但要进一步加强文献资源的开发与利用，充分利用丰富的文献资源和现代化的技术设备，开展定题和承诺服务，编制信息文摘和综述、专题索引等二、三次文献，而且要积极向读者开展科技咨询、专题索引、信息研究等高层次的服务。这样既拓宽了学生的知识面，又能更好地为教师科研提供服务。因此，图书馆在学生综合素质教育和能力培养方面有着得天独厚的优势，学校对学生进行素质教育时，一定要重视图书馆的作用。

2. 图书馆的社会价值

图书馆对于社会文明和文化的传播与发展有着深刻的影响，有着极其重要的社会价值。

(1) 图书馆是进行学习的重要场所

图书馆收藏着大量的文献和图书资料，纵观古今中外，涉及诸多学科门类，为人们的学习和深造提供了取之不尽、用之不竭的知识资源。图书馆与其他学习场所相比，不仅环境幽雅还足够安静，可以让人更好地进入学习状态，从中有所收获、有所启发。图书馆的建设与运行有着强烈的公益性和社会性，为人们提供了基本的阅读服务，可切实满足读者的各种服务需求。图书馆肩负着传播和发展先进文化的重任，是先进文化和文明得以延续和创新的主阵地。

(2) 图书馆是精神文明建设的重要阵地

图书馆是信息传播和交互的重要场所，在文献信息的管理与利用等方面发挥着不可替代的作用。从某种意义上讲，图书馆的建设与运行能够促进人类精神文明和社会文化的健康发展，可以创设和谐、积极、正能量的社会文化氛围，为人类精神文明和社会文化的创新与发展奠定基础。

(3) 图书馆是查询、管理信息的重要部门

对于社会的健康发展来说，图书馆是必不可少的机构。随着信息技术、互联网的快速发展和广泛应用，图书馆的信息收藏量呈现井喷式增长，而且收藏形式与以往相比也更加丰富多元，无论是多媒体电子出版物还是互联网信息，抑或是光盘数据库等，这些都可以成为图书馆收藏的对象。图书馆在图书资料保存和管理方面发挥着不容忽视的作用，是推动社会精神文明和文化发展的关键因素。图书馆馆员应突出本馆特色，将先进的数字技术和信息技术引入馆藏图书资源的保存和管理中；同时，图书馆的管理人员还应该注重网络信息的集中管理，剔除有害信息、不真实信息及垃圾信息，为读者提供优质的信息传递和信息利用等服务。

(4) 图书馆是为社会服务的公益机构

图书馆可以为广大读者提供免费的阅读和文献资料利用服务，因此，我们应该把图书馆当成一个公益性机构。图书馆能够满足读者的差异化服务需求，促使读者在阅读的过程中提高自身的知识水平和文化素养，从而为全民阅读这一目标的达成创造条件。尽管图书馆并非知识的生产者，但仍旧可以通过收藏知识和传播知识来体现知识的价值和意义，从而为知识的传播和文化的进步作出贡献。图书馆的开放对象是无差别的，任何人都可以进入图书馆学习知识。

(5) 图书馆是体现人文关怀的场所

图书馆能够满足不同社会群体的阅读需求，为弱势群体提供学习知识和文化的平台与机会，是推动社会人性化发展的有效途径。在社会快速发展

的今天，大量的农村务工人员前赴后继地奔赴城市，这一类读者有着明显的特征，比如来自不同的社会阶层、个体间有着明显的差异、构成结构比较复杂，等等。但毫无疑问，他们对知识都有着强烈的渴望。图书馆馆员应该为这类读者提供人性化的服务，让他们掌握使用图书馆的方法和技巧，使他们在潜移默化中获得知识，提高他们的文化素质和学习能力，为社会的和谐发展贡献力量。

二、图书馆图书资料的内涵

我们可以把图书馆看作一个完整的信息系统，在这里既有信息的检索、整理和加工，也有信息的选择和使用，可以满足人们对信息使用的各种需求。需要了解的是，"图书馆图书资料"这一概念最早可追溯到20世纪80年代。这一概念一经提出，就在学术界得到了广泛应用。一些学者先后对图书馆资料的定义、构成和内涵等展开了深入的探索和研究，并取得了丰富的研究成果。进入21世纪，国家提出开展全民阅读活动，通过对图书馆图书资料的利用，促进社会主义精神文明和优秀文化的传播与发展。

1. 图书馆图书资料的特性

关于图书馆图书资料的基本特征和属性，可从以下几个方面来论述。

(1) 联系性

联系性可理解为系统不同要素间的影响和关联，图书馆图书资料的联系性指的是构成图书馆这一完整系统的各要素间的依赖程度和相互作用。

(2) 整体性

整体性可解释为系统各要素间的制约和促进关系。整体性强调系统各构成要素的不可分割，是各构成要素成为完整系统的根本。

(3) 可用性

图书馆图书资料的可用性体现在图书馆的功能和作用上。图书馆中收藏和保管着的大量图书馆图书资料，使其具备了一定的社会功能和社会价值。一旦图书馆的图书资料缺少了可用性，那么图书馆就失去了存在的意义。

(4) 动态性

动态性可理解为构成系统的各要素会受到时间或环境等因素变化的影响而呈现出相对应的变化的性质。图书馆图书资料有着一定的动态性，因此，图书馆馆员需要定时对图书馆中的图书资料进行补充和更新，从而有效地满足人们对图书馆的使用需求，为文化和文明的发展带来不竭的动力和活力。

(5) 有序性

假设图书馆的文献资源是杂乱无章的，是没有顺序和规则的，那么图书馆资料的利用将会受到一定的限制。人力资源只有经过整合才能发挥最大的价值和作用，这一原理同样适用于图书馆图书资料。也就是说，只有对图书馆的图书资料进行排序和编排，才能确保其作用得到充分的发挥。

综上所述，图书馆图书资料的定义应阐述为，图书馆考虑到资源的整合和利用，而构建的各种资源相互作用、相互影响的有机整体。

2. 图书馆图书资料的基本构成

图书馆图书资料由两部分组成：一部分是文献图书馆图书资料，另一部分是网络图书馆图书资料。所谓的文献图书馆图书资料可理解为保存在图书馆内的能够满足读者各种使用需求的图书馆图书资料，如纸质印刷型的图书资料和电子型的图书资料等。网络图书馆图书资料可阐述为，被保存在计算机网络系统中的能够满足读者各种使用需求的图书馆图书资料，其由两部分组成：一部分是不会发生变化的文献数字化信息，另一部分是持续发生变化的社会信息。随着图书馆信息理论的内容和结构日益丰富，一些学者重新划分了图书馆图书资料的种类，即现实馆藏的图书馆图书资料和虚拟馆藏的图书馆图书资料。

时至今日，先进的信息技术在各个行业领域得到了快速发展和广泛应用，也在一定程度上推动了数字图书馆的发展进程，相信在不久的将来，图书馆图书资料必然会朝着集成一体化的方向发展。

第二节　现代图书馆图书资料管理的意义与目标

一、图书馆图书资料管理的意义

图书馆图书资料管理是图书馆的主要工作，也是最基本的工作内容。图书馆图书资料管理能够帮助读者接触和了解不同行业领域的知识信息，让读者可以知晓我国不同行业领域的发展现状，让读者关注一些重要的时事政策和科学文化的发展情况。就学生而言，图书馆是促使学生掌握知识和技能的平台，帮助他们巩固学习和不断进步的重要场所。图书馆可以帮助学生增长见识，拓宽视野，能够让学生在潜移默化中不断提高文学素养，并形成正确的价值观念，有助于学生的个性发展和全面发展。

二、图书馆图书资料管理的目标

图书馆图书资料管理的目标就是对资源管理有战略发展计划，并为这一计划制订详细的方案，而这种方案又具有人性化和生态化的特点。

第一，对图书馆图书资料的管理。文献图书馆图书资料是图书馆三大资源的核心，因此，文献图书馆图书资料管理成了图书馆图书资料管理的一项重要任务。图书馆要更好地发展壮大自己，首先，应不断优化馆藏结构，对馆藏资源进行合理布局，突出馆藏特色。其次，增加电子文献资源的比重。由于信息时代的来临，数字图书馆在不断崛起，再加上电子文献资源与传统文献资源相比具有整编简洁、提取便捷等优势，因此，很多图书馆都在大力增加自己电子图书资料的馆藏。最后，注意传统文献与电子文献的协调。电子文献资源虽然好，但并不是所有文献资源都能够转化为电子文献资源，如传统文献资源中的古籍等文献电子化就很难。另外，还要关注图书馆图书资料服务，许多图书馆都开展了人性化的参考咨询服务，并且提高了文献图书馆图书资料的共享化程度。

第二，对设施资源的管理。图书馆设施资源包括馆舍、电子设备、日常办公用品、资金等。对于馆舍的管理，要执行国家相关规定，必须保证馆舍的质量过关，尤其建立在地震多发地区的图书馆要特别注意这一点。在图书馆内增设防火、防潮、防盗设施，并定期进行维护和维修，以保证图书馆财产的安全。对于电子设备，图书馆需要安排专业人员进行日常维护和维修，保证图书馆的电子系统能够正常运行。对日常办公用品的管理，一般都是要求大家不能私自拿走图书馆的办公用品。对于资金的管理，图书馆应设有财务管理的部门，专门负责图书馆各种资金的预算、分配等工作。

第三，对人力资源的管理。首先，建立完善的用人机制，不断优化图书馆人员队伍，提高馆员素质。其次，进行人本管理。根据马斯洛需要层次理论，进行人本管理，将会使雇员和雇主共同受益。最后，实行目标管理和绩效管理，这样有助于提高图书馆的管理效益，激发图书馆馆员的工作热情。

第四，对财力资源的管理。图书馆财力资源管理的目标是图书馆财务活动所希望实现的结果，是评价图书馆理财活动质量的基本标准，是图书馆财务实践、财务决策的出发点和归宿，也是图书馆财务管理的行为导向，图书馆的一切财务活动都是围绕这个目标进行的。图书馆财力资源管理的目标是努力增收节支，合理安排支出结构和控制经费支出，充分利用有限的资金，提高资金使用效果。

第三节 现代图书馆图书资料管理的理论体系

如何设计图书馆图书资料管理这一学科分支的理论体系，已成为图书馆学研究的重点；如何使图书馆适应快速变化的信息环境，以网络为依托进行馆藏资源的自我调整和集成，以求得自身的生存和发展也正成为当前的研究热点。面对不同于以往的全新的信息技术环境，图书馆图书资料管理的内容与重点、建设模式与结构体系、建设过程与功能等都需要重新进行审视和定位，这涉及图书馆图书资料管理思维方式的转变、业务流程的再设计以及对目标远景的再思考。

一、图书馆图书资料管理的理论体系

我们可以把图书馆图书资料管理归入应用图书馆学的范畴。任何一门学科都有着各自的理论体系，应用图书馆学也不例外。

第一部分可概括为基础理论，为图书馆图书资料管理提供了重要的理论指导，适用于微观图书馆的图书资料管理和宏观图书馆的图书资料管理两个领域。第二部分可概括为文献图书馆的图书资料管理，我们主要针对其管理理论和方法展开深入的研究，一般会从微观视角切入。第三部分可概括为数字图书馆的图书资料管理，重点针对各种类型的数字图书馆的图书资料的收集、整理、加工和处理的方法和过程展开研究，不存在微观或宏观之分。第四部分可概括为图书馆图书资料的共享建设，侧重于基于宏观视角对图书馆图书资料的共享建设展开研究，具体包含理论研究和实践检验两个方

面。需要注意的是，此处提及的图书馆图书资料不单单包含文献图书馆图书资料，也涉及数字图书馆图书资料。该理论体系能够让我们对目前的图书馆图书资料管理理论和实践的研究情况有深入的了解和认识，有助于我们探究和发现图书馆图书资料管理不同内容和要素间存在的逻辑关系，对于后续的理论研究和实践发展有着重要的指导价值。

二、图书馆图书资料管理的流程

图书馆图书资料管理的内容具体包含两个方面，即针对文献图书馆图书资料的管理和数字图书馆图书资料的管理。其中，后者又细分为数据库建设的图书馆图书资料管理和网络图书馆图书资料管理两个方面，可统称为虚拟馆藏建设。

本质上，图书馆图书资料管理就是图书馆图书资料持续积累的过程，是数量和质量两个方面都有所提高的过程。就文献图书馆图书资料管理而言，其内容主要涉及文献的筛选和利用、文献资源的结构组成、文献资源的加工和处理以及文献资源利用效果的评价及反馈等。而数字图书馆图书资料管理则需要从数据库建设和网络图书馆图书资料管理两个面分别论述。

数据库建设重点强调数据库的开发和使用；而网络图书馆图书资料管理的内容和过程则比较复杂，除了要收集图书资料以外，还要对这些资料进行整理和加工，并根据比较研究的结论来探索网络图书馆图书资料的类型化和体系化建设的方法和路径，最后还要对网络信息用户的图书馆使用需求进行综合分析和预测。信息时代，数字化、网络化资源的功能和价值逐渐在信息服务中得到充分体现，这也为馆藏资源的建设和利用提供了新的思路和方法。

三、图书馆图书资料管理的链状循环过程

图书馆图书资料管理是一个循环往复、周而复始的过程。馆藏资源一方面为文献型和数字型资源提供一体化存取利用，另一方面仍以传统文献借阅的方式提供利用。图书馆图书资料体系在不断被读者利用的过程中逐步得到完善。

图书馆图书资料管理过程与传统文献资源建设过程的不同之处在于，它不再是单一目标和单一图书馆学范畴的发展过程，而是一个多学科、多技术相互融合，多渠道、多媒体信息集成化程度不断提高的过程。同时，从收

集信息到使用信息，其中间过程是一个完整的工作循环，或称一个完整的生命周期。只有完成一个完整的工作循环，图书馆图书资料的自身价值以及图书馆图书资料与读者需求的匹配程度才能得到完全体现。高质量的图书馆图书资料体系既需要每个环节高质量的工作，也需要每个环节之间相互关联和相互支撑，形成环环递进的链状循环和总体螺旋式推进的过程。缺少任何一环或者任何一个环节有缺陷，都会影响图书馆图书资料管理的总体效果。在信息被利用的过程中，通过分析馆藏利用效果，了解读者新的信息需求方向，进行图书馆图书资料管理策略的再调整和新的信息采集，从而展开新一轮工作循环，图书馆图书资料管理也就开始了新的生命周期。

图书馆图书资料管理链循环状态，完全符合价值链理论。该理论把企业的所有活动视为企业创造价值的活动，并将其比喻成一个彼此相连、环环紧扣的链条。但是，链循环中的每一个活动环节产生的并不是显性价值，而是隐性价值。这主要是因为图书馆图书资料的价值在绝大多数情况下是一种需求价值，而非供给价值，其是在信息与需求相互融合的基础上所产生的后生价值，也就是人们常说的"利用图书馆图书资料后所形成的社会效益和经济效益"。

随着社会信息结构体系的复杂化，链循环中各项活动所涵盖的范围和深度都在不断扩展，各环节与多维相关要素之间的交接变得更加广泛，整个链循环与读者需求和知识型服务的结合面也会不断扩大，有时会达到暂时的相互融合，从而为社会创造出更多的后生价值。图书馆要实现馆藏资源价值最大化，就必须提高链循环中的每一个工作环节的质量，将更多的知识挖掘和知识型服务整合到价值链中，使整个图书馆图书资料管理过程更加合理和完善。

第二章　现代图书馆图书资料管理的方法

第一节　现代图书馆图书资料的采集

一、图书馆图书资料采集的原则

图书馆图书资料的采集需要遵循既定的原则。需要明确的是，不同读者对信息的需求往往有着明显的差别，进而体现在图书馆图书资料的采集过程中。总的来说，图书馆图书资料的采集必须严格按照以下原则进行，否则会影响图书馆图书资料作用和价值的发挥。

(一)目的性原则

目的性原则也称为针对性原则。虽然图书馆中存储着海量的信息数据，涉及不同行业领域的知识内容，但读者的需求在某种意义上是一定的。也就是说，图书馆图书资料的采集需体现出较强的目的性。在采集资料时，应切实考虑图书馆的建设目的和特征，需了解具体的服务对象和服务内容，只有这样，才能确保采集的资料能够被读者有效利用，进而充分满足读者的差异化信息服务需求。

(二)主动性原则

信息具有时效性，这也导致图书馆图书资料的采集需遵循主动性原则。简言之，采集人员需提前对读者的信息需求进行调研和考察，并且要准确把握图书馆图书资料采集的方法和途径，借助最新的采集技术和方法采集满足读者需求的图书馆图书资料，并在采集的过程中不断更新。

(三)连续性原则

图书馆图书资料的采集需遵循连续性原则。在资料采集初期，采集人员就应该采集一些新的信息来补充图书馆的图书资料，并突出新信息和旧信息之间的逻辑关联，确保图书馆图书资料之间的连贯性。此外，采集人员需根据实际情况适当剔除旧的或没有利用价值的信息，并在必要时重新采集。总之，图书馆图书资料的采集非一朝一夕可以完成的任务，而是一项连续性的工作。

（四）经济性原则

图书馆图书资料采集需遵循一定的经济性原则。究其原因，主要是这项工作不仅需要投入一定的人力和物力，还要在财力上提供支持和辅助。要提高图书馆图书资料采集的整体效率和质量水平，采集人员应按照经济性原则来完成信息资料的采集任务，在保证采集效率和质量的同时，节省采集的时间、人力和资金成本。在具体操作和实施的过程中，应考虑以下两个关键因素。

第一，避免图书馆图书资料的交叉重复采集，尤其是大量图书馆图书资料内容相同，只是载体、形式上存在差异，因此，必须选择合适的信息源和图书馆图书资料采集方法与技术。

第二，充分考量信息服务机构的实际经济水平，量力而行，避免盲目采集造成资源与资金的浪费。在谋求信息真实性的基础上，处理好社会效益与经济效益、整体效益与局部效益的关系。

（五）计划性原则

信息的采集不仅要满足现在的需求，更应该注重今后的发展。信息采集需切实考虑既定的要求和任务，最大限度节省开支，并提前制订采集计划，明确信息采集的意图、对象和范围等情况。

（六）科学性原则

信息的采集需采取科学的方法和理论来对图书馆图书资料的分布情况进行预测和分析，在最短的时间内找到包含大量信息的信息源。

(七) 可靠性原则

采集人员应结合读者的实际需求来完成信息采集工作，确保所采集的信息是真实的、可靠的，否则势必会影响图书馆图书资料采集和利用的效果。需要明确的一点是，图书馆图书资料的采集应提前对相关情况展开深入且细致的调查研究，基于一系列的对比与分析过程来获得真实可靠的资料信息。信息采集需按照实事求是的要求进行，吸收有用的真实信息，剔除虚假的或无用的信息。

(八) 系统性原则

图书馆图书资料的采集需遵循系统性原则，确保所采集的信息相互之间有着一定的逻辑关联性和完整性。应该注意的是，读者需求的系统性在某种程度上对图书馆图书资料采集的系统性具有决定性影响。图书馆图书资料的使用对象的明显差别，导致他们对信息的需求有着一定的差异。因此，信息的采集必须遵循系统性原则，切实依据读者的个体差异来采集相对应的资料信息。只有这样，才能确保图书馆能够为读者提供有针对性的信息服务，从而发挥图书馆图书资料的信息服务功能。

二、图书馆图书资料采集的方法

图书馆图书资料采集的方法是指根据信息采集计划，广泛开辟信息来源，及时将信息采集到手的基本方法。信息采集方法有很多，通常可以按以下标准作进一步细分。

(一) 按信息载体形式划分

按信息载体形式划分，可分为以下几种。

1. 文件研究法

文件研究法是指从各种文件中寻找所需图书馆图书资料的方法。

2. 报刊摘录法

报刊摘录法是指通过对报刊进行摘录来获取所需图书馆图书资料的方法。

3. 广播收听法

广播收听法是指通过收听广播来获取所需图书馆图书资料的方法。

4. 电视收看法

电视收看法是指通过收看电视来获取所需图书馆图书资料的方法。

5. 电信接收法

电信接收法是指通过电话和电报来获取所需图书馆图书资料的方法。

6. 电脑展示法

电脑展示法是指通过电脑来获取所需图书馆图书资料的方法。

7. 直接交谈法

直接交谈法是指通过两个或者两个以上人员的面对面交谈来获取所需图书馆图书资料的方法。

8. 信件询问法

信件询问法是指通过信件来获取所需图书馆图书资料的方法。

(二) 按信息采集方式划分

按信息采集方式划分，可分为以下几种。

1. 定向采集法

定向采集法是一种基于某一学科、某一国别、某一特定信息的图书资料采集方法。这种方法通常基于图书馆的特定需求，如特定学科领域的研究需求或特定类型文献的收集需求。图书馆馆员会根据需求制订一个详细的采集计划，包括所需文献的主题、来源、出版时间、语言等详细信息。这种方法可以帮助图书馆收集到特定主题的全面、准确、最新的文献资料。

2. 定题采集法

定题采集法是一种基于特定主题或问题的图书馆资料采集方法。这种方法通常在特定研究项目或课题进行过程中使用，图书馆馆员会根据研究项目的需求，收集与该主题或问题相关的所有文献资料。这种方法可以帮助图书馆馆员快速、准确地获取与研究项目相关的文献资料，提高工作效率。

3. 现场采集法

现场采集法是一种直接从出版社或图书馆现场获取图书资料的采集方法。这种方法通常用于收集稀缺或难以获取的文献资料。图书馆馆员可以直接联系出版社或图书馆，请求其提供相关文献资料，或者参加相关的图书展览或交易会，直接从现场获取所需文献资料。这种方法可以大大节省时间和成本，提高文献资料的全面性和准确性。

4. 社交采集法

社交采集法是一种基于社交网络和人际关系的图书资料采集方法。这种方法是通过图书馆馆员和相关人士的社交网络，收集相关文献资料。图书馆馆员可以通过社交网络和人际关系，向相关人士请求提供所需文献资料，或者通过社交网络进行文献资料的交换和共享。这种方法不仅可以节省时间和成本，还可以收集到一些难以通过其他方式获取的文献资料。

5. 主动采集法

主动采集法是图书馆采集图书资料的主要方法之一。这种方法需要图书馆馆员主动寻找和采购新的、具有重要价值的图书资料，它主要通过定期调查和了解最新的出版动态、研究动态和市场动态来实现。在采集过程中，图书馆可以积极与出版社、图书供应商、图书馆交换站等联系，以便及时获取新书信息，然后进行评估和采购。

6. 定点采集法

定点采集法是图书馆针对特定的领域或主题进行图书资料采集的方法。这种方法要求图书馆选择一些固定的图书供应商或交换站，定期从这些地方采购或交换图书资料。这种方法的优点在于可以集中采购特定领域的图书资料，提高采购效率，同时也可以节省人力和物力。

7. 委托采集法

委托采集法是图书馆将图书资料的采购任务委托给专业的图书供应商或图书馆交换站的方法。这种方法可以大大节省图书馆的人力和物力，同时也可以提高采购的效率和质量。委托采集法要求图书馆与图书供应商或交换站建立良好的合作关系，以确保能够及时获得最新的图书资料。

8. 跟踪采集法

跟踪采集法是图书馆根据读者需求和图书馆发展需要，对特定的图书资料进行持续追踪和采购的方法。这种方法需要图书馆馆员定期收集和分析读者的阅读需求、研究动态和市场动态等信息，然后根据这些信息制订采购计划，对重要的图书资料进行持续追踪和采购。这种方法既可以满足读者的阅读需求，又可以推动图书馆的发展。

(三) 按信息采集的渠道划分

按信息采集的渠道划分，可分为以下几种。

1. 单向采集法

单向采集法是一种较为传统的图书资料采集方式，主要通过与出版社、作者、图书馆等单一渠道进行合作，获取所需图书资料。

具体操作步骤如下。

(1) 与出版社合作

图书馆可以与出版社建立合作关系，购买其出版的图书，或者请求出版社提供未出版的珍贵资料。

(2) 与作者联系

图书馆可以与作者联系，请求其捐赠或出售其著作，或者请求其推荐其他作者的优秀作品。

(3) 与其他图书馆交换

图书馆可以与其他图书馆交换馆藏图书，实现资源的共享，扩大馆藏范围。

单向采集法的优点在于操作简单，成本较低，缺点是获取的图书资料不够全面，且可能存在版权问题。因此，在使用单向采集法时，图书馆需要注意与出版社、作者、其他图书馆等进行充分的沟通，确保资源的完整性和准确性。

2. 多向采集法

多向采集法是一种更为先进的图书资料采集方式，通过多种渠道进行采集，包括出版社、作者、图书馆、网络等。

具体操作步骤如下。

(1) 网上采购

通过图书馆的在线平台，可以购买各种电子书和纸质书。网上采购不仅可以满足读者的即时需求，而且成本相对较低。

(2) 社交媒体

社交媒体是一个获取新书信息和作者动态的重要渠道。通过关注相关账号，可以第一时间了解新书的出版信息和作者的动态。

(3) 作者联络

除了直接与作者联系以获取书籍外，还可以邀请作者通过社交媒体或其他渠道发布有关新书的消息，以吸引更多的读者。

(4) 图书馆联盟

加入图书馆联盟可以共享资源，增加馆藏的多样性。与其他图书馆交换或共享资源可以节省成本并扩大馆藏范围。

多向采集法需要更加注意版权问题。在采集过程中，应确保所有行为符合相关法律法规，避免侵权。

多向采集法的优点在于获取的图书资料更全面、更新鲜，能够更好地满足读者的需求。同时，通过多种渠道进行采集，可以更好地处理版权问题。但是，使用多向采集法需要更高的协调和管理能力，以确保资源的有效利用和合法性。

无论是单向采集法还是多向采集法，都是图书馆收集图书资料的重要手段。根据实际情况和需求，选择适合的采集方法可以提高图书资料的完整性和准确性，更好地满足读者的需求。同时，也要注意遵守相关法律法规，确保采集行为的合法性。

三、图书馆图书资料采集的程序

(一) 需求分析

信息需求是图书馆图书资料采集的动力，在图书馆图书资料采集中，明确信息需求就是要清楚目标读者为了何种目的、需要什么样的信息。

1. 目标读者的确定

读者不同，目标不同，采集内容也存在一定的差别。在进行采集活动之前必须明确目标读者及他们使用信息的目的。

2. 确定采集信息的内容

了解采集目标和需求后，还应进一步明确采集信息的内容。这是通过与图书馆图书资料采集目标和需求具有一定相关性的信息的特征来确定的。

3. 确定采集范围

这里的采集范围包括采集信息的时间范围和采集信息的空间范围两方面。其中，时间范围体现了信息的时效性，指信息发生的时间与图书馆图书资料采集目标和需求所要求的时间上的相关性，它决定了所需采集信息的时间跨度。空间范围体现了信息的空间分布特性，指信息发生的地点与图书馆图书资料采集目标和需求所要求的空间上的相关性，它决定了所需采集信息的空间范围。

4. 确定采集量

采集工作的人力、时间和费用等都是由采集的信息数量决定的，因此，在这个阶段需要有明确的图书馆图书资料采集数量。

5. 其他因素

除了上述因素外，还需要确定一些其他因素，如信息环境、信息的可获取性、信息表达的易理解性等。

(二) 信息源的评价与选择

信息源指的是获取信息的来源，不同的划分标准有不同种类的信息源。例如，图书信息源、期刊信息源、特种文献信息源和非文献信息源等是根据出版形式划分的；印刷型信息源、缩微型信息源、机读型信息源和视听型信息源等是按照载体形式划分的；一次信息源、二次信息源、三次信息源是根据信息源的加工级次与加工方法划分的；正式信息源与非正式信息源是根据信息源的组织形式划分的；内部信息源和外部信息源是根据信息源的范围划分的；公开信息源和秘密信息源是根据信息源的保密性划分的。此外，还有一些其他划分标准，如根据信息源的形态和用途、信息源与时间的关系等。

1. 信息量

信息量包含两方面的内容：一是信息源所含的信息量，如信息源容量大小、信息记录的条数等；二是相对其他信息源，该信息源提供给读者有用信息的量。

2. 可靠性

信息源可靠性标准是评价信息源的首要标准。可靠性不仅要考察信息源本身，而且还要考察其所提供的信息内容，判断指标主要有信息源的公开性和合法性、信息源及其信息内容责任者的权威性、信息源的关联性（被推荐、被引用等）、信息内容的真实可靠性和信息内容是否能真实有效传递等。

3. 新颖性

信息源的新颖性是指信息源中是否包含新观点、新理论、新技术、新假设、新设计和新工艺等新的内容。此外，信息源能否经常更新也是影响其新颖性的主要手段。没有更新的信息源，在一定时期后，对读者来说会失去其新颖性。

4. 及时性

信息必须在尽可能短的时间内被发布报道和传递，即以从信息的产生、传播到信息被接收的时间差来衡量信息是否及时。

5. 系统性

系统性是指信息源中收集的信息是否系统完整，是否连续出版，能否通过信息的累积反映一定时期内事物的变化。

6. 全面性

全面性是指信息源所含信息的广度和深度，包括信息源所收录信息的主题范围是否集中在更广的领域，是否包括相关的主题，是否包括多语种、多版本信息以及加工程度等。

7. 易获取性

易获取性是指信息源中提供的信息是否能够被读者获取，以何种方式和途径获取，有无技术要求，是否有阅读设备要求，是否有获取权限要求以及能否稳定获取等。

8. 经济性

经济性主要是指从信息源中发现、提取直至传递和使用信息过程中的经济耗费。衡量信息的经济性主要是看能否以最低消耗、最小损失、最快地获取信息，以及获取的信息是否符合读者需求，即通过查准率、查全率、读者满意度指标来反映。

（三）图书馆图书资料采集策略的确定

每一个图书馆在采集图书资料方面都会制定不同的策略。在采集的过程中，既要选择最优的采集途径，也要采用最合适的采集方法和技术，并提前规划采集内容和过程。其中，图书馆图书资料的采集途径一般有两种，一种是直接采集，另一种是间接采集。直接采集，强调由采集人员直接从信息源中采集信息；间接采集，则要求采集人员利用工具间接提取信息。

图书馆图书资料采集计划的设计与调整，涵盖各个方面，包括安排专业的信息采集人员，支出一定数额的采集费用，确定规范的采集、考核条例，切实做好时间安排，选择和使用最合适的采集工具，优化采集的方式和方法以及计算采集的频率等。图书馆图书资料采集计划的制订应突出一定的灵活性和合理性，可根据实际情况进行调整，确保采集的效率和质量。

(四)图书馆图书资料采集的实施

在制订出科学可行的采集计划后，应严格按照该计划实施，采取科学的方法和技术，完成信息的采集工作。采集时，一旦发现新的问题，应及时分析问题形成的原因，然后提出有针对性的解决方案，并对既定的采集计划进行优化调整。

(五)图书馆图书资料采集效果评价与解释

采集结束后，应对信息采集的准确性和效率等指标作出评价，并找出问题发生的原因，避免在今后的信息采集中出现类似的问题。假设最终的采集效果评价结果不符合读者的标准和要求，应结合读者提出的建议和意见对采集计划作出调整，然后重复采集信息，直到满足读者的需求。

四、图书馆图书资料采集技术

图书馆图书资料采集技术是指从一定的信息源中检索出含有所需信息的内容供人们利用，可以是人工采集，也可以通过联机方式形成自动化数据采集系统。

(一)信息获取技术

信息不仅仅是单纯的数字、文字、符号、声音、图形和图像等，还包括各种形式的信息媒体。本书根据媒体种类，分别从文本生成、图形图像、动画和视频、音频角度进行阐述。

1. 文本生成

文本是最简单的数据类型，由于它要求的存储空间相对其他类型来说最少，因而成为人机交互的主要形式。

文本信息输入计算机一般有人工输入和自动输入两种方法。自动输入时主要采用光学字符识别技术，即采用光电转换装置将汉字或字符转换成电信号，再送入计算机，并利用计算机自动辨认和阅读。

2. 图形图像

图形也称矢量图，如直线、曲线、圆或曲面等几何图形。图形文件保存的不是像素的"值"，而是一组描述点、线、面等几何图形的大小、形状、位置、级数及其他属性的指令集合。图形文件的常用格式有 PIF、SLD、DRW 等。

图像是人对视觉感知的物质进行再现，其可以由光学设备获取，也可以人为创作。图像可以记录、保存在纸质媒介、胶片等对光信号敏感的介质上，比较流行的图像格式包括光栅图像格式 BMP、GIF、JPEG 和 PNG 等，以及矢量图像格式 WMF 和 SVG 等。多媒体计算机通过彩色扫描仪能够把各种印刷图像及彩色照片数字化后送到计算机存储器中。

3. 动画和视频

动画指由许多帧静止的画面，以一定的速度（如每秒 16 张）连续播放时，使肉眼视觉残像产生错觉，从而形成画面活动的作品。

视频泛指将一系列的静态影像以电信号方式加以捕捉、记录、处理、存储、传送和重现的各种技术。获取数字视频一般需要三种设备：第一，提供模拟视频输出的设备；第二，对模拟视频信号进行采集、量化和编码的设备，如视频采集卡；第三，接收和记录编码后的数字视频数据的设备，如多媒体计算机。

4. 音频

音频实际上是连续的信号，用计算机处理这些信号时，必须对连续信号采样并量化。

语音识别技术是让机器通过识别和理解过程，把语音信号转变为相应的文本或命令的技术。一个完整的语音识别系统可大致分为以下三个部分。

第一，语音特征提取。语音特征提取的目的是从语音波形中提取出随时间变化的语音特征序列。

第二，声学模型与模式匹配（识别算法）。声学模型通常由获取的语音特征通过学习算法产生，在识别时将输入的语音特征与声学模型（模式）进行匹配和比较，得到最佳的识别结果。

第三，语言模型与语言处理。语言模型包括由识别语音命令构成的语法网络或由统计方法构成的语言模型，语言处理可以进行语法、语义分析。

（二）文本挖掘技术

随着互联网的发展，可获取的大部分信息都是以文本形式存储的，要想从中找到合适的信息，就涉及文本挖掘技术。

文本挖掘技术是数据挖掘领域的一个分支，涵盖了文本分析、模式识别、统计学、数据可视化、数据库技术、机器学习、自然语言处理和人工智能等多领域技术。由于文档本身是半结构化或非结构化的，无确定形式且缺乏机器可理解的语义，因此，数据挖掘的对象以数据库中的结构化数据为主，并利用关系表等存储结构来识别知识。具体包括以下步骤。

1. 确定文本数据源

确定文本挖掘的目标、应用范围及领域、背景知识等相关数据。

2. 对收集到的文本数据源进行预处理

从确定的文本集中，选取待处理和分析的文本，利用分词技术、文本结构分析技术等抽取出代表文本特征的元数据，如文本的名称、日期、大小、类型、作者、机构、标题和内容等，并存放在文本特征库中。

3. 选择适当的挖掘分析算法

常用的文本挖掘分析技术有文本结构分析、文本摘要、文本分类、文本聚类、文本关联分析、分布分析和趋势预测几种。文本结构分析主要是用于建立文本的逻辑结构；文本摘要是抽取出文本的关键信息，对文本进行概括和综合；文本分类是将要分类文本的特征项与已有类别的文本特征项进行比较，使其能映射到一个具体类别中；文本聚类是根据文本集合中特征项的相似度分成若干类，并将相似度大的文本尽可能归为一类；文本关联分析是指从文本集合中找出不同特征项之间的关系；分布分析和趋势预测是指通过对文本数据源的分析得到特定数据在某个历史时刻的情况或将来的取值趋势。

4.将结果以可视化技术提交给读者

利用已经定义好的评估指标对获取的知识或模式进行评估,然后根据需要返回前面的步骤进行优化,直到满足读者要求为止。

(三)自动文摘技术

自动文摘也称自动摘要,指的是利用计算机自动地从原始文献中提取文摘。自动文摘按内容压缩程度,可以分为报道性、指示性、报道指示性、评论性和组合式五种。报道性文摘适用于那些描述实验性研究的报告和单主题的文献,能够提供原始文献中的重要信息,包括研究方法、使用设备、论据、数值数据和结论等;指示性文摘也称描述性文摘,由于所含信息量较少,因此一般不提供具体内容;报道指示性文摘又称混合性文摘,兼具报道和指示功能,其将原始文献中价值高的作为报道性文摘,将其他的作为指示性文摘;评论性文摘也称评论,其价值往往依赖于文摘员的专业水平;组合式文摘是文摘员写出一组文摘,二次服务机构可以根据需要选取。

按照读者需求的不同,可将文摘分为一般性文摘和偏重文摘。一般性文摘是指对所有读者都提供一般性的摘要;偏重文摘也称为读者聚焦文摘、主题聚焦文摘或查询聚焦文摘,可以依据特定读者的需求(如询问读者感兴趣的主题)有重点地产生专属摘要。

按照文摘处理的对象集合个数,可以将文摘分为单文档文摘和多文档文摘。单文档文摘处理的对象是单篇文摘,多文档文摘处理的文本对象是由多篇文档组成的文档集。

按照文摘处理对象的载体,可将文摘分为文本自动文摘和多媒体自动文摘。

除了以上分类标准外,还可以按文摘处理语言的数量,分为单语言文摘和多语言文摘;按文摘长度是否可调节,分为读者可调文摘长度和固定文摘长度类型等。

按照生成文摘的句子来源,自动文摘可以分成两类:一类是完全使用原义中的句子来生成文摘,另一类是可以自动生成句子来表达文档的内容。按具体技术有以下四种常用方法。

1. 基于统计的方法

基于统计的方法也称为基于抽取的方法或自动摘录，它只是利用文档的外部特征，如词频、词（或者句子）在文档中的位置，是否有线索词（短语、字串、字串链）及其统计数量等来进行文摘的生成，并不对文档内容做深层次理解。

基于统计的方法容易实现、速度快，摘要长度可调节，但以句子（或段落）为基本抽取单元的抽取方法没有考虑句子间的关系，致使生成的文档不连贯，甚至前后矛盾，可读性差。

2. 基于理解的方法

基于理解的方法运用自然语言处理机制，分析过程中的常识、领域知识和领域本体等，对句子和篇章结构进行分析和理解，进而生成文摘。具体的实施步骤如下。

第一，借助词典中的语言学知识对原文中的句子进行语法分析，获得语法结构树。

第二，运用知识库中的语义知识，将语法的结构描述转换成以逻辑和意义为基础的语义来表示。

第三，根据知识库中预先存放的领域知识在文中进行推理，并将提取出来的关键内容录入信息表。

第四，将信息表中的内容转换为一段完整连贯的文字输出。

基于理解的方法产生的摘要质量较好，具有简洁精练、全面准确、可读性强等优点。但是，由于受到知识不足的限制，其文摘技术只适用于某些狭窄的领域，如用于处理有关地震情况的新闻等。

3. 基于信息抽取的自动文摘

基于信息抽取的自动文摘也称为模板填写式自动文摘。这种文摘的产生先要对文本进行主题识别，再选择已编好的该领域的文摘框架，对文中有用的片段进行有一定深度的分析，提取相关短语或句子填充文摘框架，再利用文摘模板将文摘框架中的内容转换为文摘输出。

4. 基于结构的自动文摘

基于结构的自动文摘将文本信息视为句子的关联网络，将与很多句子都有联系的中心句确认为文摘句。由于语言学对于篇章结构的研究还不够深入，可用的形式规则很少，这使得基于结构的自动文摘还没有形成一套成熟的方法，不同学者用来识别篇章结构的手段也有很大差别。

第二节 现代图书馆图书资料的整体布局

一、图书馆图书资料整体布局的基本原则

同其他资源一样，图书馆图书资料也需要合理配置、合理布局。图书馆图书资料的布局是指在时间、空间和数量三个方面的有效配置。时间配置是指图书馆图书资料在过去、现在和将来三种时态上的配置。图书馆图书资料的价值对实践具有很高的灵活性，即实效性强。图书馆图书资料的空间配置是指其在不同部门和不同地区之间的分布，即在不同使用方向上的分配。图书馆图书资料的数量配置包括存量配置和增量配置，即对已有图书馆图书资料的配置和不断产生的图书馆图书资料的分布。

(一) 适应国情原则

图书馆图书资料整体布局必须与我国的国情相适应，这是一条最基本的原则。只有立足于国情，图书馆图书资料整体布局才有坚实可靠的基础，才具有科学性和可行性。

第一，作为一个发展中国家，我国图书馆图书资料整体布局要紧密与科学、教育、文化事业及国民经济发展水平保持同步，并且要有一定的超前性，即必须走在教育、科学、文化事业的前面，但不能盲目追求高速度、大规模。

第二，以区域发展为核心，建立地区性的图书馆图书资料保障体系。各个专业与系统的图书馆图书资料布局应融入全国或地区的图书馆图书资料布局之中，加强各地区图书馆图书资料的合作。

第三，我国各个地区间的经济、科学、教育、文化发展不平衡，在进行图书馆图书资料整体布局时，应该根据地区差异，按照地区文献需求梯度理论，让一些先进的、信息吸收能力强的地区和部门首先较多地获得最新的信息资料，通过他们的吸收和转化，逐步将先进的科学技术向比较落后的地区

转移。从实际需要出发，才能促进整体图书馆图书资料管理的发展。

(二) 协调共享原则

图书馆图书资料保障体系是一个相互联系的整体，具有一定的层次性。由于各图书馆的类型、性质和任务不同，其图书资料的收集水平与服务内容也有所不同。任何一个图书馆、信息机构的图书资料都是有限的，不可能满足社会所有的信息需求，因此必须加强联合，成立图书馆图书资料保障体系，协调发展。

我国在图书馆图书资料整体布局中采取了地区协调和系统协调的方式。地区协调是指在一定区域范围内，由各系统、各类型图书馆和信息机构参加的横向协调活动。其一般由地区综合性协调组织领导，根据本地区发展的实际需要进行统筹规划和合理布局，建立区域图书馆图书资料保障体系。系统协调是指在同一系统内进行图书馆和信息机构之间的图书资料协调建设，即在系统内部建立起自上而下的组织协调与业务协调关系，统一部署，统一布局，根据学科和专业发展的实际需要，构建协调补充、互为利用的图书馆图书资料保障体系。地区协调和系统协调是我国图书馆图书资料整体布局的两种基本形式，在实践中应根据发展的需要将二者结合起来，以取得良好的图书馆图书资料整体布局效果。

(三) 需求导向性原则

图书馆图书资料整体布局的最终目标是要达到资源的共享，最大限度地满足任何社会成员对图书馆图书资料的需求。因此，以需求为导向是图书馆图书资料整体布局所要遵循的重要原则。

图书馆图书资料的整体布局必须抓住当前最为迫切、最有实效的领域，一切以需求为导向，有条不紊地进行。就我国而言，不能盲目地以图书馆图书资料数量的平衡来衡量地区发展的水平，而要根据不同地区、不同系统、不同层次的发展需求，从最迫切的信息需求和最有可能取得实际效果的信息服务内容入手，统一规划，协调发展，并充分运用新技术培育新需求。此外，图书馆图书资料整体布局还要与社会信息需求规律相符合，应根据社会信息需求的规律，用不同的文献保障层次来满足不同的信息需求。

(四) 效益原则

效益原则要求在进行图书馆图书资料整体布局时，充分考虑到社会效益和经济效益。社会效益是指通过优化的图书馆图书资料整体布局，实现图书馆图书资料的共享，并充分利用图书馆图书资料对社会的发展和进步产生的影响。经济效益主要体现在文献资源收藏的完备性、图书馆图书资料的利用率以及单元信息利用的消耗等方面。在投入相对稳定的条件下，要尽可能地提高文献资源收藏的完备程度，并最大限度地利用这些资源，最大限度地满足读者的信息需求。通过合理的规划与协调，减少重复建设，做到地理分布的合理，方便对文献的利用。

总之，坚持把社会效益放在首位，社会效益和经济效益相统一，是实施图书馆图书资料整体布局的重要原则。

二、图书馆图书资料整体布局的作用

图书馆图书资料整体布局是图书馆图书资料共享的重要前提，也是提高图书馆图书资料保障能力的有效措施。自20世纪90年代以来，我国信息化建设进入快车道，在金桥、金关、金卡等一系列重大信息工程中取得巨大进展的前提下，图书馆图书资料作为社会资源体系的重要组成部分，其建设与分布状况直接影响国家信息化发展的程度，因此，实施图书馆图书资料整体布局是非常必要的。

图书馆图书资料整体布局的作用主要体现在以下几个方面。

第一，充分有效地利用与协调各地区的图书馆图书资料，更好地为我国现代化信息建设服务。

第二，促进图书馆图书资料保障体系的共建与共享。

第三，加强各个信息机构、图书情报系统之间的联系与合作，形成多层次、多功能的图书馆图书资料体系。

第四，减少重复建设，提高图书馆图书资料管理的效率。

第五，缩小地区信息贫富差距，促进边远地区、落后地区的发展。

总之，图书馆图书资料整体布局的理论研究与实践，对我国的信息化建设具有深远的战略意义和现实意义。

三、我国图书馆图书资料整体布局的模式

关于图书馆图书资料整体布局的模式分类，主要概括为以下三种：一种是集中控制模式，一种是分散控制模式，还有一种是等级控制模式。

（一）集中控制模式

该模式以构建图书馆图书资料管理与控制机构为前提，可实现所有类型图书馆和信息机构的集中管理和组织协调，有效地发挥系统的整体功能。

（二）分散控制模式

该模式强调由分散布局的图书馆和信息服务机构来负责图书馆图书资料的管理工作，有助于激发各图书馆和信息机构参与图书资料管理的主动性和积极性，是维持整体利益的有效手段，也是确保局部利益与整体利益协调统一的最优路径。

（三）等级控制模式

该模式要求图书馆尽早构建完善的图书馆图书资料保障系统，对现有的图书馆图书资料结构进行优化设计和不断调整；强调发挥不同系统间的联动作用，在图书馆和信息机构之间建立牢固的分工与协调关系，让图书馆图书资料管理在实践中发挥预期的作用。

相比之下，等级控制模式更适合我国图书馆图书资料的整体布局，也是这三种控制模式中最好的选择。当前，我国学者基于以往的等级控制模式理论构建了一套新的三级保障体制。其中，第一级指在国家层面构建图书馆图书资料保障体系，负责全国图书馆图书资料的统筹管理和利用；第二级指以地区为单位构建图书馆图书资料保障体系，负责各区域图书馆图书资料的统筹管理与协调分配；第三级指以省（区、市）为单位构建图书馆图书资料保障体系，负责各省（区、市）图书馆图书资料的整合、加工和处理，为读者提供差异化的信息服务。

第三节　中文图书与期刊资料的管理

一、中文图书资料管理

(一) 中文图书资料保障体系建立

中文图书资料是我国读者使用量最大的一种图书馆图书资料，同时中文图书资料也是占全球出版量比重最大的图书馆图书资料。为满足读者对中文图书资料的需求，图书馆必须建立起相对完备的中文图书资料保障体系。数字信息环境下，电子图书资料越来越多，因而在中文图书资料保障体系里，电子图书资料的份额也会越来越大，这就需要建立一个数字资源与传统资源相互补充、资源相对丰富的中文图书资料保障体系，以充分满足读者最基本的信息需求。

(二) 中文图书资料管理原则

1. 纸质与电子图书资料协调发展的原则

在数字信息环境下，电子图书的数量越来越多，且当年版的图书份额也在扩大，同时随书光盘数量也在增加。图书馆中文图书配置要坚持纸质与电子图书资料协调发展的原则，以满足读者各种载体信息的需求。

2. 发展重点与兼顾一般的原则

图书馆图书资料管理强调重点学科和特色学科资源的入藏，但鉴于中文图书数量庞大，同时中文图书较之外文图书、外文期刊价格便宜，因此图书馆在中文图书配置时应坚持发展重点与兼顾一般的原则，尽可能满足各类读者的需求。

(三) 中文图书资料配置策略

1. 根据图书馆实际情况配置

通过对图书的流通情况进行调查发现，各种图书的利用率相差甚多，相当一部分书的流通率很低，这势必造成财力、物力的浪费；有些图书的利用率则很高，有很多读者借阅。因此，图书馆须运用"二八规则"原理，确定这"20%"的图书主要是哪些学科的、哪些出版社出版的,这样抓住主要矛盾进行处理,就会达到事半功倍的效果;同时,确定核心出版社,将核心出版社的图书作为重点采访对象。这对于提高图书采准率,提升馆藏水平有很大帮助,同时还能促进购置经费的合理利用。因此,图书馆要根据本馆的实际情况来配置图书资料,特别是中小型图书馆经费紧缺,中文图书配置也只能在"精"上下功夫,以提高图书馆利用率。

2. 严格控制入藏图书质量

虽然每年纸质图书出版数量都有大幅度增长,但优秀的、经典的图书仅占一小部分,而且多卷书、丛书、古典书、重版书充斥市场,动辄上下集、大全、全书之类的大作,图书供应商要求图书馆必须整套购买,不能配置其中的某本图书,这使得图书馆多了许多不必要的支出。此外,有些出版社热衷于"焦点问题""热门话题"图书的出版,争先恐后地抢点出版,容易造成选题雷同、内容重复现象。而一些使用范围较窄的基础科学或学术性较强的专业性图书因无利润而受出版社冷落,许多专业图书难以出版或出版很少,这不但影响了国家科学研究和教育事业的发展,也影响了图书馆的藏书质量与专业图书资料收藏的系统性和完整性。因此,图书馆对于那些"热门图书"应精挑细选,选择那些质量较高、能给读者带来更多新信息的图书。而对于专业性、学术性强的图书,则要多关注相关出版社,尤其是中央级出版社和大学出版社的出版动态。

3. 建立读者图书馆图书资料决策采购机制

长期以来,图书馆图书资料采访都是依靠图书馆馆员自身的学科背景对书商提供的目录进行圈选、订购,但是近年来这一传统模式,尤其是在国外,受到了挑战。读者决策采购作为一种新型的图书馆图书资料管理模式风靡美国大学图书馆界,并逐渐推广到西方国家的图书馆界。读者决策采购也可以称为"需求驱动采购",是赋予读者决策权的图书馆图书资料管理模式,即根据读者的实际信息需求来确定图书馆图书资料的配置。这样能有效补充馆藏资源并提高馆藏资源的利用率,从而保证资金投入的效益。因此,图书馆要建立读者图书馆图书资料决策采购机制。实际上,近年来我国读者参与图书馆图书资料采访活动也是常有之事,例如,邀请学院教师到书市参加图书现采活动;给高校的专家提供书目,让其为图书馆圈选图书;在图书馆网站上设置读者书刊推荐栏目,让读者在网上向图书馆采访部推荐图书;或读者直接在图书馆集成系统里向图书馆推荐图书。总之,读者参与图书馆图书资料采访越来越多,但务必使其落到实处,尤其是学术性图书、电子图书的采访一定要谨慎。

4.广泛地收集图书出版信息

随着我国出版社改制,学术性图书的出版数量越来越多。按照"长尾理论",只有提供充足的产品,才能确保用户的多元化资源需求得到有效满足。图书馆图书的采访工具有很多种选择,在不考虑"科技新书目""社科新书目"的情况下,还能使用由图书供应商自编设计的采访书目。由此可见,图书馆要鼓励图书供应商提供充足的信息,这样图书馆就可以争取到大量的"长尾"资源。同时,图书馆需要和出版社建立长期稳定的合作关系,利用网络渠道和路径不断地接收来自供应商提供的新书出版信息和书目信息。图书馆需与不同的出版社建立良好的沟通与互动关系,密切关注出版的最新信息,通过各种书目资源的整合和收集实现馆藏的优化。

5.严格把关图书供应商提供的书目

20世纪80年代末,我国的出版发行业逐渐开始市场化运作。民营书商如雨后春笋般出现,图书发行由新华书店独家发行的局面转变为多渠道发行的市场化运作,图书馆也由与新华书店单一合作的模式转为与多种图书供应商合作的模式。这改变了图书馆图书资料配置总是处于被动的局面,可以说,出版发行业的变革给图书馆图书资料管理带来了生机。但图书馆在与各种图书供应商合作时难免会出现新问题,特别是有的图书供应商提供的图书采访书目数据存在诸如数据不规范、著录不完整等各种情况,有的供应商提供的书目学科不全面,社科类书目偏多,科技类图书偏少,这使得图书馆图书资料收藏不够系统、全面,从而导致一些学科图书资料不足,不能满足读者的需求,甚至影响到学校教学、科研工作的开展。为此,图书馆应重视对供应商所提供图书采访书目的质量控制。图书馆在新的图书供应环境下,应牢牢掌握图书采访的主动权,及时与图书供应商沟通,使其提供的采访书目完全符合图书馆的需求。

二、中文期刊图书馆图书资料管理

(一)中文期刊图书馆图书资料保障体系建立

鉴于读者、用户对中文期刊图书馆图书资料的高利用率,大中型图书馆必须建立一个资源相对丰富又能突出本馆特色和重点学科特点的中文期刊图书馆图书资料保障体系,以充实本馆特色和重点学科馆藏。

(二)中文期刊图书馆图书资料管理原则

1. 纸质与电子期刊资源相结合的原则

读者、用户利用中文期刊资源有着不同的目的。做学问、搞科研的读者,其信息需求量大,需求面广,利用信息意在便捷,信息检索要求查全率、查准率高,电子期刊特别能满足这种用户的需求。而对于只是为了消遣、娱乐或者扩大知识面的读者而言,纸质期刊则是更好的选择,因纸质期刊兼具欣赏性、方便性和随意性,尤其是年长的读者更喜欢阅读纸质期刊。因此,图书馆中文期刊配置应本着纸质期刊资源与电子期刊资源相结合的原则,正确处理好电子期刊与纸质期刊的入藏比例,学术期刊尽可能配置电子版,消遣、娱乐、知识性的期刊尽量配置印刷版。另外,从出版物的性质看,学术性电子期刊的出版发行时间一般要比纸质期刊晚,时滞在3个月至6个月。而教学、科研人员需要及时了解学科发展前沿的最新学术动态和最新科研成果,因此常用的学术期刊也要相应地配置纸质期刊,这样才能全面满足读者、用户的实际需求。

2. 与中文图书资料互补发展的原则

近几年,我国中文图书出版量逐年增加,但也存在着这样的现象:有些类别的图书出版数量很大,而有些类别或冷僻学科的图书出版则较少,有的甚至极少。例如,农业类图书出版相对较少,而在农业类中园艺类图书出版最多,农作物类别的图书出版极少。由此可见,各类文献出版资源总是不平衡的,因此,中文期刊配置要本着与中文图书资料互补发展的原则。中文图书出版量较少的类别、学科,应尽可能多配置这些类别、学科的中文期刊,使得图书馆这些类别、学科的文献资源不致过于短缺,从而影响读者、用户教学和科研工作的正常开展。

(三) 中文期刊配置策略

1. 综合考虑期刊的各种属性

配置学术期刊应多考虑其编辑方针和编辑部的性质。一般而言，科研院所、学术性出版社、大学出版社编辑出版的期刊学术价值较高。例如，科学出版社出版的期刊不但数量多而且质量高，现已出版300余种期刊，被SCI收录的刊物有29种，被EI收录的有34种；我国大学学报有2000多种，且核心期刊占据较大份额。因此，在采购经费的分配上，要多分配一些经费配置这些期刊，以增强馆藏期刊的学术价值。而对消遣性、娱乐性期刊，应多考虑其外观及装帧等因素，从而使配置的期刊充分满足读者的需求。

2. 参照相关的期刊评价工具

中文期刊评价工具是一种科学、公正的期刊评价方式。因此，图书馆在中文期刊资源配置时应认真参照相关的期刊评价工具，补齐新增的核心期刊，只有这样才能提高馆藏质量。

3. 从读者、用户实际需求出发

要实现有效地配置中文期刊，必须从读者、用户实际需求出发。要根据学科建设的需要进行配置，需求量大的学科多配置；反之，则少配置。学术性的期刊用户更多是利用电子期刊，而科普性、娱乐性的期刊读者则更喜欢纸质期刊。因此，科普性、娱乐性期刊应多配置纸质期刊，而学术性期刊应多配置电子期刊，重点学科的期刊最好是二者都要配置，因为电子期刊虽然便捷，但存在时滞问题。

第三章　现代图书馆图书资料的共享

第一节　数字信息环境下图书馆图书资料共享的必要性

一、进行共享资料建设的必要性

(一)时代发展要求实现图书馆图书资料共享

随着信息时代的到来，社会中充斥着海量的数据信息，传统的印刷型文献载体在当前社会背景下很难满足人们对信息利用和共享的需求。而各种先进的计算机技术和现代通信技术在图书馆图书资料共享建设中的应用，能够基于网络来实现文献资源的快速传输和相互补充，对馆藏文献资源的价值和功能进行深度的开发和利用，为用户提供差异化的文献信息利用服务。

(二)经费现状决定图书馆必须实行资源共享

经费短缺一直以来都制约着图书馆的建设与发展。资源共享的建设应考虑经费现状，只有这样才能调和经费短缺与图书馆建设之间的矛盾，为图书馆的资源共享奠定基础。馆际资源的共享建设不仅有助于降低图书馆运行和发展的资金成本，还能为读者提供多元化的信息服务，进一步提升图书馆服务的质量水平。

(三)馆际图书馆图书资料共享

从图书馆图书资料分布来看，我国图书馆间存在较大差别，如重点大学图书馆与非重点大学图书馆的差别，中央图书馆与地方图书馆的差别，省、市图书馆和县图书馆的差别，同时各系统也存在差异。东部地区图书馆图书资料普遍比西部地区丰富；重点大学图书馆图书资料比非重点大学图书馆丰富。重点大学图书馆电子图书资料馆藏数量较多，如重点大学中外文数据库引进量为80~120种；而大多数非重点大学图书馆电子图书资料数量较少，有的为20~40种，有的甚至在10种之下。而省图书馆、市图书馆和县图书馆之间，图书馆图书资料也相差较大；公共图书馆纸质资源比高校图书馆丰富，而高校图书馆电子图书资料比公共图书馆丰富。正是这些差别，使馆际图书馆图书资料共享的需求变得更为强烈，也使图书馆图书资料共享变得更有意义。

二、我国图书馆图书资料共享现状

图书馆图书资料共享形式通常有两种，即馆际互借和共享数据库。相比较而言，馆际互借被认为是最普遍也是最原始的共享形式。考虑到地理位置等因素的影响，馆际互借的应用范围往往会受到限制，因此，共享数据库建设要比馆际互借更适合网络文献资源的共享建设。我国的数据库建设在近些年得到了快速发展，但仍存在诸多问题，如管理体制的适配度不高、各部门或地区之间关联性不强等，这就导致我国的数据库建设相互独立、自成体系，无法实现统一的协调管理。由于缺乏统一的标准和规范，以及并未制定高水平的技术标准，各数据库间无法实现深入的交流和互动。几乎每一种数据库软件都不具备良好的兼容性和适配性，很难在实际应用中快速完成转换。就数据库载体类型而言，一般都为软盘库，涉及光盘库和联机库建设情况相对较少，也没有触及技术型、数字化等数据库的建设与推广。总之，我国的数据库建设一直以来都得不到来自市场需求机制的驱动及支持，想要在短时间内实现规模化和专业化发展难度极大。这些问题亟须引起有关部门的重视，需尽快采取措施来解决。

三、共享图书馆图书资料管理策略

（一）建立集中化管理体制

1.分散多头的粗放型管理体制结构不适应资源共享要求

图书馆在理论上应该归属于主管行政机构的范畴，图书馆的管理需依据系统和行业归口来进行。每一个图书馆都有所依附的管理系统，由各级行政管理部门统一管理。但这种管理体制和模式有着明显的缺点，集中体现在管理结构上。首先,我国目前并未构建适用于图书馆管理的宏观调控机制体系。其次,各图书馆的建设与发展有着明显的差别,它们往往相互独立、自成体系,很难实现统一的规划和协调。由此一来,图书馆的文献资源建设就会出现各种问题,如重复建设、资源的大量浪费、发展水平持续下降等。最后,图书馆的网络化系统工程建设无法实现统一的协调管理,没有建立系统的总体框架,也没有建立标准的概念模型,尚未制定统一的标准规范。这样,图书馆的自动化集成系统就很难实现有效的联动和交流,致使图书馆建设的标准化程度长期保持在较低水平,给图书馆的开放性建设和互联性发展带来各种麻烦,使图书馆的联网受到负面的影响,导致各种资源无法被有效地整合和合理地分配,对资源共享造成了不利的影响。

2. 建立集中管理的图书馆体制

一方面,在图书馆管理中落实主体学会化的管理机制。中国图书馆学会具有社会化和独立性等特征,是全国性、学术性的非营利性社会组织。中国图书馆学会有责任也有义务对全国范围内图书馆事业的发展进行统筹管理,提出统一的发展目标,制定标准且规范化的整体规划,引入科学的战略方针和制度政策,确保各系统图书馆的建设工作保持协调统一,为整个图书馆系统的建设与发展提供有力的支持与保障。另一方面,采取总分馆制的管理策略,由总馆负责各馆行政和业务的协调管理。在这个过程中,总馆能够发挥重要的协同和平衡作用,为各分馆的运行和发展提供支持。总分馆制的提出与实施,不仅能够有效减少图书馆的重复建设和资源浪费,还能对人力、物力及其他资源进行整合与分配,是推动图书馆建设和发展的有效路径,应在全国范围内推广应用。

(二)合理设计共享资源分布格局

图书馆中储藏着海量极具价值的图书资料,这些资料的保管需遵循合理分布的原则,避免出现高度集聚等现象。要想彻底解决问题,应尽快构建共享资源网络,通过互补余缺在各图书馆间实现大范围的资料共享。根据我国的实际情况,对我国的资源分布格局进行优化设计,具体方法和步骤如下。

首先,建立国家级的中心总馆,负责对全国范围内所有分馆的统筹管理。就加入总馆的分馆来讲，需由总馆对其实施统一的管理，为其提供专业的指导服务，比如：商讨和制定规范化的协作咨询服务标准，参与评价指标体系建设，提出科学合理的工作准则，划分分馆的等级，明确各馆的职责和义务，组织各馆实施分工与协调的管理决策，负责软件的开发与维护等。除此之外，还包括会费的收缴、吸引社会投资以及争取国家的政策扶持等。

其次，在各地区建立地区中心馆。将那些规模较大或发展水平较高的图书馆设立成地区中心馆，为本地区的用户提供现代化的服务，就本地区的成员馆进行统一的组织与协调管理，强调与其他地区中心馆的战略合作和资源共享，在互帮互助的同时深度贯彻落实国家级中心馆制定的决策和规划，保质保量地完成上级部门交付的任务，为地区馆员提供专业的培训和学习服务，确保地方图书馆的建设与发展能够获得有力的技术支持。就不同的地区中心馆而言，其相互间需切实做到平等互利和分工协作，只有互帮互助才能实现各馆的协同发展。地区中心馆的建立和建设，需基于我国文献信息和网络发展的特点，将资源适度倾斜到西部地区，重视各地区间的协同发展和平衡发展。

最后，建设地方图书馆。地方图书馆的建设需突出各自的馆藏和服务特色，为用户提供专业的参考咨询服务，满足用户的各项基础性服务需求。

(三) 努力实现共享资源建设的标准化、规范化

要想真正做到资源共享，需尽快形成范围大、适应性强的网络运行模式，将图书馆的人力、物力等资源整合在一起，通过各项资源的合理分配来提高资源的利用率。这样，读者就能随时随地享受高水平的参考咨询服务。读者不仅可以根据自身的需求来联机检索各种信息，还能根据实时更新图书馆的存贮内容，准确识别各级别成员馆的职能和权限，从而获得高质量的参考咨询服务，这样既能节省时间又能降低成本。因此，需借鉴优秀数据库建设的经验和方法，在现有数据库的基础上进行创新与改造，确立统一的规范和标准，去掉不必要的重复数据，对种类和专业没有明显差别的数据库进行合并处理，进一步扩大图书馆的容量，并结合我国数据库建设与发展的规律和特点，提出一系列适用于我国数据库建设的管理规范和制度标准。要尽快在全国范围内建设覆盖面广、功能性强的图书馆数据库中心，为各图书馆数据库的建设

与运行提供有力的支持与保障，为数据库的现代化和规范化建设创造有利的环境条件，加快各图书馆间的联动与交流，形成科学可行的数据库建设机制。

(四) 共享资源组织要保持协调

当今，我国的信息化建设已经步入重要的发展时期，但在相当长一段时间内印刷品等非电子文献收藏还会占据主导地位。非电子文献与电子出版物收藏等问题的处理是一项复杂的工程，既要考虑目前的藏书量和经费，也要关注读者的需求。因此，各图书馆需要基于自身实际情况和相关影响因素，来确定收藏比例标准，提出针对性的收藏原则。此外，电子出版物馆藏的建设与运行，需摒弃"大而全、小而全"的管理模式，强调平行建设和协同发展。也就是说，过分关注各种电子出版物的全面入藏是没有必要，也是没有实质性意义的，可基于馆际资源共享来检索和使用的电子文献，都没有重复采集的必要。

总之，需要对图书馆图书资料管理及共享的建设与发展给予更多的关注，了解其发展现状和发展趋势。目前，图书馆图书资料的管理与共享资源的建设已逐渐由传统封闭型朝着现代开放型的方向过渡，展现出良好的发展前景，但图书馆共享建设的工作方式和手段仍未摆脱传统模式的桎梏和影响，要想实现其现代化发展还有很长的路要走。图书馆共享资源建设需要数量大、种类多的图书资料，要想完成这一任务，需尽快消除影响图书馆图书资料管理及共享资源建设的传统观念。只有引进先进的管理理念和制度，才能确保图书馆图书资料管理及资源共享工作的有序开展，才能高效率高水平地完成目标，才能在实践中不断创新，持续发展，为全国图书馆图书资料的健康发展和共享资源建设的稳步推进奠定扎实的基础，使其与全球范围的图书资料共享网络紧密关联，为全国范围内的图书馆图书资料管理及资源共享提供重要的理论指导。

第二节 现代图书馆图书资料共享内容与模式

一、图书馆图书资料共享内容

在数字信息环境下，电子图书资料数量剧增且类型越来越多，如静态的信息有文本信息、图像信息，动态信息有动画、电视、电影、交互式媒体，音频信息有声音、音乐等，超视、声频信息有超声频、视频信息。因此，电子图书资料是图书资源共享的主要内容。国外许多图书馆联盟可共享的资源较为丰富，如日本文部省学术情报中心有人文、社会、自然科学等领域数据库57个；又如OCLC系统可供用户检索的数据库有80多个，这些数据库内容包括图书、期刊、会议录、工业通告、财政报告、最新研究成果报告、图书评论、机构组织介绍等。

纸质图书资料的共享是十分重要的。首先，为电子图书资料文献传递受到量的限制，而且有的数据库合同上还明文规定不允许为其他单位用户传递电子文档信息，如WSN外文期刊数据库就有这样的规定。其次，虽然网络环境下电子文献传递相当便利，但文献传递需要较大的费用。最后，电子图书资料无论如何增长，也无法覆盖所有的纸质资源信息，尤其是外文纸质期刊。国外许多图书馆联盟也十分重视纸质资源的共享，认为纸质资源仍然是人类知识的主要载体和学术研究的主要材料，如俄亥俄图书馆与信息网络就非常重视纸质资源的馆际互借与文献传递。

二、图书馆图书资料共享模式

一般而言，图书馆图书资料共享在各种不同的图书馆联盟里进行，根据不同的图书馆联盟形式形成不同的图书馆图书资料共享模式。我国图书馆图书资料共享的模式大致有四种，即区域性系统内共享模式、全国性系统内共享模式、区域性跨系统共享模式和全国性跨系统共享模式。

全国性图书馆图书资料共享模式已取得了显著成效，如中国高等教育文献保障系统（CALIS）、中国高校人文社会科学文献中心（CASHL）和国家科技图书文献中心（NSTL）是我国文献传递运作最为成功的三大共享系统。区域性系统内和区域性跨系统的共享模式也都在积极的探索之中。早期的区域性图书馆图书资料共享一般是两个或多个图书馆间为节省成本或改进服务而开展，以合作藏书、联合书目和馆际互借为主要内容的合作活动。这种合作往往是自发的、松散的、非正式的。因此，图书馆图书资料共享模式有必要寻求一种经过正式组织、合作更加紧密、更具有协同性的图书馆图书资料共享模式，从而更加有效地进行图书馆图书资料共享，满足读者、用户日益增长的各种信息需求。

（一）建立区域性系统内图书馆图书资料共享模式

区域性系统内图书馆图书资料共享模式，指的是在省内进行各种系统内图书馆图书资料共享，这是图书馆首要考虑的模式。在同一行政管理体制下，图书馆便于组织、便于管理，因此，共享效果好。这一效果在高校系统图书馆里体现得最为明显，如广东高校网络图书馆、天津高等教育文献信息中心和江苏省高等教育文献保障系统，都是较为成功的省内的图书馆联盟。

近些年，我国高等教育事业获得较大发展，许多城市兴办了大学城，而大学城的图书资料共享模式就是区域性系统内图书馆图书资料共享模式的典范。其在省教育厅直接领导下开展有计划、有步骤的图书馆图书资料共享活动，必然能取得较好的共享效果。如福州大学城为顺利实现资源共享，创建了大学城文献图书馆图书资料共享平台，即"FULink 平台"，为大学城内的广大师生提供校际文献传递、馆际互借等便捷的图书馆图书资料"一站式"服务。"FULink 平台"开通后不久就申请、传递期刊论文10089篇，网上资源共享初见成效。福州大学城除了积极开展文献传递活动外，还大力推行馆际互借、互阅活动，收效良好。所以，建立区域性系统内共享模式是十分必要的。除高校系统图书馆外，公共系统、科研系统图书馆都可进行不同规模的区域性系统内的图书馆图书资料共享，以取得较好的共享效果。

（二）建立区域性跨系统图书馆图书资料共享模式

区域性跨系统图书馆图书资料共享模式，指的是在一个省份范围内进行跨系统的图书馆图书资料共享。我国各类型图书馆图书资料配置情况存在较大的差异，高校图书馆电子图书资料配置较为齐全，而公共图书馆纸质图书馆图书资料配置较多。例如，复旦大学图书馆订购外文数据库160余种，上海市图书馆订购外文数据库只有大约20种，上海市图书馆外文纸质期刊近6000种，而复旦大学图书馆外文纸质期刊订购数量在全国高校图书馆里已算是较多的，达600余种，但也只有上海市图书馆的1/10。因此，进行区域性跨系统的图书馆图书资料共享是十分必要的，也是可行的。

研究发现，主张区域性跨系统共建共享的图书馆最多，占总数的一半；主张区域性系统内共建共享的位居第二。这就说明区域性跨系统图书馆图书资料可共享的空间较大，尤其是针对纵向专深的文献信息。比如，福建医科大学图书馆虽可在福州大学城文献图书馆图书资料共享系统里获取多学科的文献图书馆图书资料，但在医学方面可利用的资源较少，所以其便和福建省医院系统图书馆进行共建共享。福建医科大学图书馆电子期刊配置较多，纸本期刊则只有20种，而福建省医院系统图书馆订购纸本期刊较多，如福建医科大学附属第一医院订购83种、福建医科大学附属协和医院订购72种，这就弥补了福建医科大学图书馆纸本期刊资源的不足，同时医院系统图书馆也可共享到福建医科大学图书馆的电子期刊资源。所以，加强区域性跨系统图书馆图书资料的共享，对各系统图书馆而言都是有利的。虽然区域性跨系统比区域性系统内资源共享难度要大，但只要加强共享机制管理，必定会取得较好的成效。上海市组建了上海市文献资源共建共享协作网，开展了跨系统的文献图书馆图书资料共享活动，取得了显著的成效。例如，上海图书馆（上海科学技术情报研究所）订购的部分外文期刊到馆后先送到上海交通大学图书馆，供师生阅览一段时间后再运回，大大提高了外文期刊的利用率，在文献传递、馆际互借等方面也取得了较好的共享效果。所以，区域性跨系统的图书馆图书资料共享模式值得推广，其有利于图书馆图书资料的更充分利用，共享效果也更好。

(三) 建立跨省份区域性图书馆图书资料共享模式

从各省份的图书馆图书资料分布情况看，经济发达省份图书馆图书资料尤其是外文数据库和外文纸质期刊资源，较为丰富。例如，华东地区外文数据库主要集中在上海、江苏、浙江三省市，特别是上海市，数据库数量最大，类型也最多，其他四个省份数量较少；华东地区外文纸质期刊资源也主要集中在上海、江苏、浙江三省市，其他四个省份较少。此外，从各图书馆外文纸本期刊品种数量来看，差距也较大。如上海市图书馆（上海科学技术情报研究所）拥有的外文纸本期刊品种数量相当可观，现有外文纸质期刊5941种，且学科覆盖面广，而大多数图书馆在100种以内。从订购的复本数上看，较多外文纸质期刊尤其是人文科学方面的期刊，只有一家图书馆订购。鉴于此，建立跨省份区域性图书馆图书资料共享是十分必要的。所谓跨省份区域性图书馆图书资料共享，是跨省份的图书馆与图书馆之间进行资源共享。当然，这种模式比前两种模式的难度更大，但只要选择适合本馆的共享系统，并建立良好的合作关系，互通有无、互惠互利，必定能取得良好的共享效果。例如，农业方面的外文纸质期刊资源相对就少，农林院校图书馆若进行跨省份的资源共享就能进一步满足读者的需求。

第三节 现代图书馆图书资料共享措施

一、建立完整的书目信息获取体系

书目信息获取体系是现代图书馆图书资料获取体系的信息保障系统。一个完整、顺畅的外文期刊书目信息获取体系应具有较高的虚拟馆藏信息获知度，包括图书馆联盟内部的联合目录信息、各馆网上OPAC检索形式的书目信息以及印刷型联合目录信息等，如外文期刊预订联合目录、外文期刊目次信息以及馆际互借的有关信息。华东地区在上海图书馆网站上有年度"华东地区外国和港台期刊预订联合目录"，同时也有配套的印刷版目录，促进了整个地区外文纸本期刊共享。但其还不够完整，因有些图书馆未能及时提供或没有提供本馆目录而造成目录信息不全，读者难以获得较为全面的外文期刊信息，因而有必要健全书目信息获取体系。各成员馆要及时将最新的外文期刊预订目录挂在图书馆网站上，以便读者及馆员能在OPAC上获取最新的外文期刊订购信息。当前我国部分图书馆联盟联合目录用户获取效果较好，如江苏省高等教育文献保障系统建立了江苏省高等院校图书馆书刊联合目录，实现了省内高校书目信息的一站式查询与共享。

二、建立高起点的图书馆联盟图书馆图书资料共享平台

越来越多的图书馆利用网络技术传递期刊论文等篇幅较短的文章，因此，图书馆联盟图书馆图书资料共享平台，应将实体资源共享与数字化资源共享结合为一体，利用 Web 方式进行馆际互借和文献传递。现在许多联盟都采用了 ArieL 文献传递方式软件。ArieL 是美国图书馆研究组织开发的文献传递系统，能够把申请馆的借阅申请从网上传递到收藏相关文献的收藏馆，并支持后者扫描所需文献，利用 FTP 或邮件系统将扫描文件传递给申请馆，也支持申请馆将扫描文件打印出来提供给用户，有效地解决了远距离的图书馆图书资料共享的问题。

近年来，出现了许多新的文献传递方式软件，如 Prospero，其实际上是 ArieL 软件的延伸，可以将 ArieL 环境下扫描的文件转换成 PDF 格式，传递给终端用户。这种直接将电子文档的图书馆图书资料传递给用户的方法，为用户提供了更为便捷的信息服务。因此，图书馆联盟应尽可能地建立高起点的图书馆图书资料共享平台，基于网络对联盟中的联合目录、公共检索、专题数据库以及馆际互借和文献传递服务等功能进行设计并开展共享活动，同时将原本不兼容的系统协调在一起，实现联盟内各成员馆馆藏和借阅信息的无缝链接。目前许多图书馆联盟，如天津高校数字化图书馆、广东高校的电子图书馆、北京高校的网络图书馆和上海教育网络图书馆等，已开展了这项工作。

三、建立多种利用方式并重的图书馆图书资料利用体系

图书馆图书资料共享的根本目的是使用户最大限度地便捷获取所需要的信息。尤其在大学城环境下，要让用户最大限度地便捷使用这一特定区域里的图书馆图书资料。福州大学城某图书馆对馆藏数字资源统计后发现外文电子期刊使用成本很高。资源若仅限于本校利用，其使用成本很难降低，因此，图书馆联盟必须建立多种利用方式并重的图书馆图书资料利用体系。一方面要充分利用网络优势采用文献传递方式来获取图书馆图书资料，另一方面要倡导用户到邻近成员馆自主获取文献信息。这样，获取的信息会更多更全面，也可有效地避免知识产权纠纷等问题——有的数据库供应商不允许电子图书资料文献传递，但对授权用户的开发使用却没有限制。此外，文

献传递受到费用、数量和时间等因素的制约，所以要鼓励用户到成员馆自主获取电子图书资料。因此，建立多种利用方式并重的图书馆图书资料利用体系，可使用户更为全面地共享图书馆图书资料。

四、加强共享机制管理

机制管理是图书馆图书资料共享活动中最为重要的一个环节，是决定图书馆图书资料共享成败的关键。机制管理需要从以下三个方面进行加强。

(一) 自主决策机制

在数字信息环境下，图书馆应有更多的自主权，这有利于图书馆办实事而不流于形式，因此有必要建立自主决策机制。图书馆除了政府指定参加的共享系统外，还可根据本馆的实际情况和读者需求选择适合本馆的其他共享系统，以达到最佳的共享效果。如华南理工大学图书馆既是广州石牌地区六校协作组的中心馆，又是广东省高校电子图书馆的成员。

(二) 信息传递与交流机制

信息传递与交流机制主要包括两个方面：一是纵向信息传递与交流，即共享系统与参与主体之间自上而下的指令信息传递和自下而上的意见与建议信息反馈；二是横向信息传递与交流，即参与主体之间有关资源共享具体实践中的信息交流。建立信息传递与交流机制是十分必要的，它对图书馆图书资料共享大有裨益。目前，多数共享系统纵向信息传递与交流机制较为健全，而横向交流机制则较为薄弱，有待完善。

(三) 利益平衡机制

在图书馆图书资料共享过程中，大型图书馆应发挥奉献精神，但不是无休止地奉献，而是互惠互利，否则共享不可能长久。因此，有必要加强利益平衡机制管理，制定相关的制度以保证各成员馆都能共享图书馆图书资料管理的成果，同时激励各成员馆积极主动地为完善图书馆图书资料保障体系添砖加瓦。

五、制定知识产权保护规则

大学城图书馆图书资料共享必须在保护知识产权的前提下进行。许多供应商会在合同或协议书里对图书资料使用权限作出明确的规定，如被许可方通过提供印刷版资料或者打印许可使用资料来满足其他机构偶然的文献请求——这一方式通常被称为"馆际互借"，被许可方只被允许使用纸质的资料，并通过邮寄或者传真的方式来满足这一请求，传输电子文档则是不被允许的。因此，图书馆图书资料共享特别要注意对知识产权的保护。

图书馆联盟电子图书资料共享中需要重点对超出正常使用量的数据库制定知识产权保护规则，并制定追加超出正常使用量费用的规定。例如，对于使用较多的数据库，若只有一家图书馆配置，其应与数据库商协商扩大其使用范围，调整每年的费用，由此多出来的费用由成员馆按年平摊或按数据流比例分摊。这样，就可有效避免数据库过量下载的情况发生。

六、加强联合参考咨询服务

为申请馆提供文献传递、馆际互借是图书馆图书资料共享的主要任务，但不是唯一任务，而为用户提供联合参考咨询服务也是主要任务之一。仅依靠本馆的图书资料和人力资源解答越来越广泛和复杂的咨询问题，非常困难。信息环境下图书馆联盟的重要功能之一，就是要整合各成员馆的图书资料优势和人才优势，利用网络的传递和交互功能为用户提供全天候合作数字参考咨询服务。通过合作数字参考咨询服务，不仅图书馆图书资料可以共享，而且各成员馆咨询人员的知识和智慧、成功咨询案例、各类课题调研成果等也可以成为共享资源。

我国成功运行的数字参考咨询服务网络主要有：由上海图书馆牵头，上海高校、科研等图书馆及相关机构共同建立的上海图书馆网上联合知识导航站，广东网络图书馆，北京地区图书馆文献资源保障体系（Beijing Academic Library Information System，BALIS）等。其中，BALIS 采用集中式门户平台和分布式服务结合的方式，拓宽了各图书馆的咨询服务范围，为高校和社会用户提供联合信息咨询服务，进一步提高了资源共享的质量。因此，图书馆图书资料共享一定要加强联合参考咨询服务，共建图书馆图书资料共享项目。

七、重视计算机资源共享

图书馆图书资料共享除了提供文献传递、馆际互借、联合参考咨询等服务外，还包括计算机资源共享。网络已经成为向用户提供服务的重要工具，其中网络站点也是一个重要的服务工具。如广东网络图书馆采用三维立体全景图作为图书馆导读系统，使读者在任何地方都可以了解到各成员馆的物理结构，为读者有效利用图书馆提供了先进的可视化服务，有助于读者在浩瀚无边的信息海洋中尽可能便捷地获取所需信息。然而，有些图书馆没有足够的人员和专业知识去组织最有效的站点，在图解设计、内容发展、站点组织和技术能力等方面存在困难。图书馆联盟应在此发挥重要作用，即培训各馆成员相关技术，使其能够为用户提供高品质的网络站点以满足用户的多种需求。

八、加强人员培训与业务辅导

在数字信息环境下，图书馆图书资料共享是基于计算机技术、多媒体技术、网络技术来开展资源共享活动的。由于各成员馆的技术、技能参差不齐，图书馆联盟开展对各成员馆人员的培训和业务辅导是十分必要的，这也是提高图书馆馆员素质，进而提高图书馆工作效率和工作质量的重要保证。开展培训和业务辅导活动既有利于各成员馆交流经验，也有利于图书馆工作的规范化和标准化。OCLC系统十分重视成员馆的业务培训，经常开展业务培训活动，这也是其资源共享活动顺利开展的关键。我国有的图书馆联盟也较为重视成员馆人员培训与业务辅导，如北京高校网络图书馆就网上资源利用、数据库检索技术、数字图书馆建设、虚拟参考咨询等方面对成员馆开展了培训，从而提高了图书馆图书资料共享服务的效果。因此，图书馆联盟应采用多种方式，如办培训班、开研讨会、开展网上培训等方式对成员馆人员进行培训，以利于图书馆图书资料共享工作的顺利开展。

第四章　现代图书馆图书资料配置机制与开发

第一节　现代图书馆图书资料配置机制

一、图书馆图书资料配置的原则

图书馆图书资料配置工作相较于藏书建设和文献资源建设，是一项要求更严格、过程更复杂的系统工程。因此，在图书馆图书资料配置过程中必须遵循一定的原则。这些原则应既符合图书馆图书资料配置的自身要求，又尊重图书馆图书资料管理的规律，并在整个图书馆图书资料配置过程中起指导作用。

(一) 政治性原则

图书文献不仅是一种物质产品，还是一种精神产品。作为精神产品，就必然带有意识形态和政治倾向性，各种政治观点、政治倾向、政治主张在图书报刊中必然会有所反映。因此，采访馆员必须具有较强的政治敏锐性和政治鉴别力，具有高度的政治责任感，在实施图书文献采访工作时一定要将思想内容、政治影响放在首位。

无论是公共图书馆还是高校图书馆，无论是古代图书馆还是现代图书馆，其教育文化功能都是亘古未变的，其所担负的政治教化功能一刻也未停息。而且随着科学技术的发展和互联网的普及，其作用越来越重要，图书馆已成为终身教育的最佳场所。因此，图书馆图书资料配置应注意以下几点。

1.重视政治思想指导性文献的配置

政治思想指导性文献是指对全体公民的思想和行为具有指导意义的文献。首先，图书馆要系统地、有针对性地配置经典著作及党和国家重要领导人的著作。其次，要配置和收集党和政府在不同时期制定的方针、政策及法律文献。最后，要注重配置指导性文献的导读性读物。

2. 配置弘扬主旋律、传递正能量的优秀作品

图书馆不仅要配置大量宣传正确的世界观、人生观、价值观的优秀文献，还要配置能够传递正能量，且具有较高学术价值和艺术价值的优秀作品，对于思想内容平淡、学术价值低下、艺术价值不高的作品，或者封建迷信、反科学或伪科学的文献要坚决摒弃。优秀的作品可以震撼人的心灵，陶冶人的思想情操，提高人的思想境界和审美境界，给人以积极向上的影响；相反，思想不健康的作品，往往使人颓废、萎靡不振。因此，面对良莠不齐的图书馆图书资料，应该严格以主旋律为标准，配置有利于提高人们思想水平和科学文化知识的优秀文献。

3. 严禁配置对社会造成不良影响的文献信息

严禁配置反动、淫秽、盗版及宣扬邪教、伪科学和封建迷信的文献信息。在图书馆图书资料配置过程中，图书馆一定要严把订购书刊的关口，要从思想上认识到反动、淫秽、盗版及宣扬邪教、伪科学和封建迷信的文献信息对读者的严重危害，绝不能为迎合少数读者的阅读需求而收集思想反动、淫秽、色情、迷信的文献信息，要从思想上紧绷这根弦。在互联网给我们带来先进的、丰富多彩的科学文化信息的同时，一些反动、黄色、不健康的思想糟粕也随之而来。因此，图书馆除了把好纸质文献关外，还要加强对网络图书馆图书资料的把控，要利用计算机通信技术对反动、淫秽、盗版及宣扬邪教、伪科学和封建迷信的文献信息进行过滤，杜绝此类信息对读者的侵蚀。

4. 坚持"百家争鸣"的原则，适当配置不同学术流派的作品

坚持学术研究"百家争鸣"的原则，对于不同的学术流派和不同风格的作品要采取兼收并蓄的方式加以收藏和利用，以便读者和研究者参考使用。坚持"百花齐放，百家争鸣"的方针，就是要配置不同形式、不同风格流派和不同学派的图书馆图书资料，批判地吸收和继承古今中外的一切文化财富，不能搞一枝独秀。

(二) 系统性原则

在图书馆图书资料配置过程中，应该尽力避免馆藏图书文献断档、断层和缺漏等现象的发生，尽量保持图书馆所藏图书文献的连续性、系统性、完

整性。藏书的系统性包含两个方面：一是指重点藏书的系统完整；二是馆藏文献的相互联系，形成体系。这两个方面都要求图书馆图书资料配置有系统性的观念，馆藏配置应是一个有组织、有序列、比例合理的藏书体系。

图书馆经过长时期积累和不断的科学补充，形成了一个科学的知识体系。这种学科体系，从时间上看是从古到今，不断继承积累，纵向发展，各学科发展日益完善；从空间上看是从中到外，各门类知识相互渗透交叉，横向联系，学科之间不断地完善和提高，逐步形成一个完整的学科系统。因此，图书馆的藏书必须遵循系统性的原则。图书馆图书资料管理的系统性原则主要体现在以下几个方面。

1. 图书馆图书资料配置要重视文献信息自身的系统性

文献信息自身的系统性表现为文献信息内容的系统性和文献出版的连续性。

文献信息内容的系统性是指文献所记录的知识信息内容本身具有系统性。各学科知识是人类社会在不断发展的进程中，不断探索、积累和总结的结晶。经过一代又一代人不断地创新、发展和提高，逐步形成了各学科完整的体系。同时，科学知识的系统性和完整性要求图书馆藏必须完整地反映文献知识内容内在的系统性，必须在数量浩繁的文献中对相关的文献信息进行系统的选择、补充、调整、组织，真正反映学科发展的历史、现状和前景。

文献出版的连续性是指文献出版的过程中，出版发行部门根据各类学科的发展有计划地出版各类知识的文献，并保持文献的连续性。信息载体如各类丛书、丛刊、多卷书、时效性强的报纸杂志等连续出版物，不仅从内容上看是系统连贯的，其生产也是连续的。各种类别、载体类型的文件，其出版发行大多具有计划性和连贯性，尤其是时效性强的杂志。这为图书馆图书资料配置按时间序列连续系统地收集各类丛书、丛刊、多卷书、时效性强的报纸杂志等连续出版物提供了可能性。图书馆只有有计划、系统地收集连续出版物，才能为读者完整、系统地利用文献提供服务。但随着数字资源的不断丰富和发展，一些报刊逐渐被数据库替代，人们更趋向于使用数据库，因此，纸本报刊是否还有必要配置，这是个值得商榷的问题。采访馆员在这一点上应根据应减则减的原则进行，不能片面地追求连续性、完整性。如果盲目配置一些无人利用或者利用率较低的图书文献，并将其束之高阁，那也是一种浪费。因此，采访馆员要在调查研究的基础上，准确大胆地取舍，把有限的采访经费用在"刀刃"上。

2.图书馆图书资料配置要尽量满足读者对文献信息系统性的要求

图书馆必须秉持"读者第一"的服务思想，尽量满足读者的需求。图书馆图书资料的读者群虽然是不同年龄、不同职业、不同文化层次、不同知识结构、不同心理特征的读者，但是他们研究的兴趣和方向可能是趋同的，因此，他们关注的焦点可能是相同的，从而形成一个稳定的读者群，跟踪和使用馆藏系统资源。这些从事系统学习和系统研究的读者群，表现出循序渐进的阅读需求和对文献信息系统性的需求。

3.图书馆图书资料配置要注重学缘结构的联系

首先，学缘结构是指所有学科不是孤立存在的，而是有着一种必然和客观联系。随着科学技术的不断发展，人类对学科的划分越来越模糊，出现了学科之间你中有我、我中有你的局面，因此，图书馆图书资料配置不仅要包含基础学科的基本资源，还要涉及交叉学科、边缘学科的资源，应有选择地配置重点藏书。因为重点藏书涉及学科面广，使用数量大，是图书馆的核心馆藏，对读者有巨大的参考价值，因此，应围绕重要学科的一些重要文献信息和特藏书刊，完整系统地收集；将某些学科、专业或专题范围的文献作为重点藏书，这些重点藏书在内容上，在学术研究上一脉相承，能够提供学术研究不同阶段的成果和风貌，为新的研究者提供更好的研究路径。应广泛收集这些学科的各个学派有代表性的专著及有关评论、重要期刊、主要相关期刊及其他类型的文献信息，根据需要挑选其中最主要、最有价值的部分配置，形成主次分明、博专有别的馆藏图书馆图书资料配置。同时，图书馆在长期的资源配置过程中，积累了大量的有保存价值和研究价值的古籍、珍贵书刊和特色资料，这些资源是图书馆的精华，因此要加以特殊保护。对于特藏书刊，要保持它们的历史连续性与稳定性。

其次，要注重重点文献与一般文献的合理配置，在配置图书馆图书资料时，既要有重点文献，也要有一般文献。一般文献指的是相对于图书馆所担负的任务来说，是非重要学科的文献，主要包括一些相关学科的文献信息以及供人们闲暇之时阅读、欣赏、娱乐消遣的文献。这类文献需求量大，且对人们的身心健康起着积极的作用，图书馆不应忽视，应适当收藏。图书馆要根据自身的服务对象和客观条件，在保证重点文献配置的同时，兼顾一般文献的选择和配置。但一般文献中鱼龙混杂，一定要精挑细选，有重点地收藏。同时，要确定重点文献与一般文献合理配置的比例，注意馆藏图书馆图书资料多学科和读者需求的多样化。

最后，对已经配置入馆的连续出版物，与科研、教学直接相关的多卷书、连续出版物及重要工具书，一定要保持配套齐全，不能随意中断，因为一旦中断，就会失去其完整性。这类文献无论是在知识内容还是在出版发行形式方面，都具有系统性，因而更有保存价值和参考价值。

(三) 经济性原则

以最低的成本、最好的图书，为最多的读者服务。其中以最低的成本就是图书馆图书资料配置要讲求经济性原则。虽然图书馆每年都有一定的配置经费，但与逐年上涨的图书馆图书资料价格相比，简直是杯水车薪。因此，图书馆图书资料配置必须考虑经济成本和效益比的问题，即以最低成本配置最好的资源。配置图书馆图书资料时，应注意以下三个方面：第一，了解出版发行界和图书文献配置单位之间的供求关系和市场行情；第二，尽量减少复本的选购量；第三，平衡好纸本印刷资源和数字资源的比例关系。

要优先配置读者急需的重要图书文献，选择的各种图书文献应以切合实用为目的。对于与图书馆业务研究和广大读者需求相悖的大部头丛书，如果不考虑其使用价值就轻率地将其收集入馆，不仅将耗费图书馆有限的资金，而且还会无形中增加管理成本。另外，不增加副本量，也可以节省大笔经费。除了读者借阅频率较高的图书文献可以酌情采购复本外，应尽量减少选购复本图书文献。要根据本馆的馆藏特色和各学科藏书的需要及读者的需要，做出均衡发展的配置规划。对于内容重要而本馆馆藏又缺乏的学科文献，应将其列为优先对象及时补充。要坚持图书馆图书资料配置的经济性原则，就必须注意以下几个环节。

1. 实现图书馆图书资料效益最大化

图书馆图书资料投入产出效益最大化就是以最小的合理投入，配置能够满足最多读者需求和提供尽可能多参考使用价值的资源。根据读者和教学科研的需求，编制科学合理的资源配置经费预算，预算要与馆藏发展政策及馆藏体系相匹配。图书馆图书资料配置要向能促进学科发展及教学科研急需的方向倾斜,对于具有可替代性的资源坚决不采购。受传统观念影响,有些图书馆重视纸本期刊资源,每年订阅大量的纸本期刊资源,但很少有人翻阅,因此,要对不同类型的图书馆图书资料的利用情况进行评估,每年对已经采购完的资源进行一次成本效益分析,以利于来年的经费划分。投入产出效益是图书馆图书资料合理构成和配置的依据,应该杜绝不计成本与效益、重复投资和资源浪费等弊端的出现。

2. 实现图书馆图书资料配置的最优化

实现图书馆图书资料配置的最优化,关键是确定各种类型的图书馆图书资料的配置比例,特别是要处理好本馆自采与集团采购、纸本文献与数字电子图书资料等各方面的关系。要参考图书馆读者不同的需求情况,探索合理科学的图书馆图书资料最佳组合模式,从而实现各种图书馆图书资料的优势互补,拓展特色数字资源建设和网络资源建设,促进网络图书馆图书资料馆藏化和馆藏文献数字化。这也是实现图书馆图书资料最优化的重要内容,即整合文献资源与数字资源,形成统一的图书馆图书资料体系,达到优化结构的目的。

3. 集团采购数据库分摊采购成本

种类繁多的数据库是图书馆图书资料配置必不可少的部分,但由于数据库价格昂贵,许多图书馆经费有限,难以独立承担配置费用。全球有各类专业数据库上万种,对于图书馆来说,国外的某些学术数据库学术价值高、参考价值大,但价格比较昂贵,一家图书馆承担财力有限,在商业谈判中也难以拿到优惠的价格,这就特别适合采用集团购买的方式,由各分馆分摊数据库的采购成本。集团采购能够得到优惠的数据库价格,为图书馆节约大笔经费,以保障各馆在数据库的使用和价格等方面的利益。但在组成采购集团与供应商谈判时,要避免数据库商分别报价,各个击破,损害图书馆的利益。

(四) 复合性原则

复合性原则主要是指在图书馆图书资料配置过程中,纸质图书资料与数字电子图书资料都要配置,要互为补充,互相倚重。要充分发挥纸质图书资料与数字图书资料在图书馆图书资料配置中不同的地位和作用,合理配置。作为不同的图书馆图书资料形式，二者各有千秋，如果能够根据二者的优劣长短，错位配置，就能起到相互促进、相得益彰的作用，从而提高图书馆图书资料配置工作的效率。

纸质文献在人类社会的发展进程中居于重要地位，为传播知识文明，促进社会发展，作出了重要贡献，起着其他载体无法替代的作用，这与纸质文献的优势分不开。

首先，纸质文献具有较强的科学性、权威性、学术性。历史上纸质文献的编辑出版发行，都有一套完善发达的系统。出版发行单位对出版的纸质文献有着严格的审核和科学的评价机制，从而保证了纸质文献出版物的学术性和权威性。尽管有数字资源的冲击和影响，主流依然是以印刷型为主的纸质文献。反观数字资源，除正规出版机构发行的电子书和数据库外，互联网上还有海量的网络资源，因缺乏统一的管理机制和严格的审核机制，数字资源特别是网络资源的科学性、权威性、学术性，难免受到人们的质疑。

其次，在政治性和思想性上受到更多的约束和审查。纸质文献的出版发行往往要从政治上、思想上、道德上进行严格的审核，只有符合社会主义核心价值观的出版物，才能出版发行，否则就被禁止生产和传播。而互联网网络环境下的数字资源和网络资源则打破了各种限制。互联网的交互性强，使得一些不良思想与观念充斥网络，对人和社会造成了负面影响。

再次，对纸质文献的版权保护已有成熟的法律法规，而且也比较好实施，打击盗版也相对容易。而网络图书馆图书资料的版权问题却相对棘手，主要表现为这方面的法律法规还不健全，执法手段和措施还不到位，网络监管方面还相对滞后，这也影响了对其知识产权的保护。

最后，纸质文献在使用过程具有许多独特的优势，如获取方便，经济实用，便于携带，阅读方便等。阅读纸质文献不像阅读数字资源那样必须依靠电脑、阅读器等设备，不仅可以随时随地阅读，还可以经常翻阅，阅读效果好，是培养阅读能力的最佳方式。纸质文献的配置是图书馆图书资料配置首要考虑的重点。

数字资源与纸质文献相比，也有其自身的优越性。

1. 信息的存储传递和查询的快捷性、便利性

由于数字资源以知识和信息为基本单元，可以根据这些单元之间的逻

辑关系进行组网，这种排列组合的拓扑式结构使得数字图书馆图书资料具有多个检索点，可通过多途径检索，这更适合图书馆的信息检索，也方便用户利用，提高了图书馆图书资料的利用率。数字图书馆图书资料不仅存储容量大，而且占用空间小，方便提取和传输，尤其是通过互联网高速传输实现了远程访问和远程下载，大大节约了读者的时间成本。

2. 数字图书馆图书资料存储的形式可以多种多样

数字图书馆图书资料不仅可以存储文本文件，也可以存储多媒体文件，甚至是超媒体文件。数字资源的呈现形式相较纸本文献资源，更加丰富多彩，既可以作为文本下载阅读，也可以收听收看各种格式的音频和视频文件，甚至还有虚拟3D图像，极大增强了读者的体验感。而且，这些文件还可以由读者任意地编辑组合，极大地拓展了读者的想象空间和创造空间。

3. 数字资源具有共享性和交互性

在互联网的环境下，数字资源组织架构具有通用性、开放性和标准化的特点。其不受时间、空间的限制，是永不关门的图书馆，可以提供全天候不间断的服务，可被多人同时访问，是一种共享性的图书馆图书资料。互联网的发展和图书馆图书资料的网络化，为人们在网络上公布自己的成果、发表自己的见解、互动式双向交流提供了可能。人们不再是被动地接受知识，而是可以通过博客、微信、微博等多种网络交流平台主动发表自己的观点和看法，与其他网友交流互动。因此，读者不仅是数字图书馆图书资料的利用者，还是数字图书馆图书资料的创作者。

图书馆应该根据纸质文献与数字资源的优缺点，按照复合性原则，在选择不同类型文献时考虑不同的载体，扬长避短，合理配置。纸质文献与数字资源信息载体类型的选择，应根据实际需要和利用情况决定，因此，应当开展调查研究，收集读者反馈意见，统计纸质文献和电子文献的利用率及点击率，合理配置图书馆图书资料。

（五）可扩展和共享性原则

以最低的成本、最好的图书，为最多的读者服务。图书馆必须为更多的读者服务，而不是为少数人服务，这也说明了图书馆图书资料必须为大众所共享。图书馆图书资料配置应当以满足读者需要为宗旨，重视读者需求，而不是仅重视出版物本身的价值。要摒弃一馆独立采访的"广而全"的传统做法，突破馆与馆的界限，采取多馆合作采访和区域合作采访的方法，避免各馆馆藏重复。

图书馆必须具有公共意识和公益意识，为人民服务。另外，图书馆具有一定的工具性，人们到图书馆大多是有自己的目的和需求，主要是借助于图书馆来为自己服务。因此，图书馆存在的目的和意义就是最大限度地满足读者的信息需求。无论是公共图书馆、高校图书馆，还是专业图书馆，虽然其面对的读者各不相同，但其满足读者需求的目的是相同的，应该根据各自服务的读者的需求提供图书馆图书资料。近年来，新加坡国家图书馆也采用了合作采访的方式，实现了图书从采购到编目的现代化管理体系，真正做到了采编一体化，而由分馆提供藏书管理和借阅服务，也取得了很好的效果。国际图书馆协会联合会早在20世纪70年代就提出了国际资源共享（UAP）计划，以促进全球性的图书馆图书资料的共建共享。

图书馆图书资料配置既要有系统归纳的理念，也要有发展的观念，不要满足于现状，要具备前瞻性的战略眼光，统揽全局。强调前瞻性的可扩展原则，包括三个方面的含义：首先是本馆潜在的读者群及其信息需求；其次是本馆未来的发展趋势；最后是出版发行机构的出版发行趋势。对于将来有可能进馆利用各种图书文献的"潜在读者群"的背景数据、信息需求程度和研究课题等数据，图书馆应该予以预测，只有这样，才能为他们做好"最实时"的读者服务工作。当然，对于某些图书馆而言，采访馆员对本单位未来的发展方针、课题研究计划等对采访工作十分有意义的信息的掌握也是非常重要的。近年来，计算机技术与通信技术的发展，使信息知识的载体形式和传递的渠道都有了很大的改变，因此，采访馆员对于未来的图书文献出版形式、数据查询渠道和发展趋势，更应予以密切的关注，这样才能对图书馆图书资料配置工作做到未雨绸缪。

随着计算机和远程通信技术在信息交流中的广泛运用，依托计算机信息网络，资源共享从理论变为现实。如今，只要遵循一定的组织协议，在互惠互利的基础上，人们足不出户就能很方便地利用地球上任何一个地方的图书馆图书资料。这无疑是一场图书馆图书资料配置的革命。

二、图书馆图书资料配置的机制

图书馆图书资料配置不仅有各项原则的规定，同时还受到各种机制的制约和规范。在图书馆图书资料配置过程中，必须重视和熟悉各种机制的规律和制约作用，每种机制都有一套自己的游戏规则，只有熟悉这些规则，并善于运用这些规则，才能做好图书馆图书资料配置工作。

制约图书馆图书资料配置的机制主要有市场调节机制、政府监督机制和产权配置机制。

(一) 市场调节机制

图书馆图书资料是可以被用来交换并且能够带来价值的一种特殊的商品，其可以像其他商品一样被标上价格，也可以在市场上像其他商品一样流通，所以势必要遵循市场经济规律，受市场的影响和制约。市场调节机制在图书馆图书资料配置过程中起着重要的协调作用。市场机制的调节作用是通过价格和价值规律合理地配置资源来实现的，图书馆图书资料的市场配置也不例外。图书馆在采购图书馆图书资料的过程中必须了解其中的奥秘，尊重市场经济规律，才能做好图书馆图书资料配置工作。

1. 合理安排图书馆图书资料配置工作

图书馆图书资料是一种特殊商品，可以按照商品的规律，通过市场价格变动和供需情况合理配置。对于市场需求旺盛的图书馆图书资料，信息商品生产者会在技术、资金和人员研发方面加大投入，占据市场的优势地位，以获得更大的商业利益，这也给了图书馆更多的选择。市场调节机制还能把信息生产要素优化组合，从而实现图书馆图书资料的优化配置。基于优胜劣汰的市场调节机制，利用市场手段调控图书馆图书资料配置，可提高图书馆图书资料的配置质量和效率，有利于实现信息商品的供求均衡和合理优化。

但是不能把图书馆图书资料简单地看作一般商品。信息产品是一种特殊的商品，是因为它既有一般商品的共性，又有其特殊性。商品的共性表现在它具有商品的价值和使用价值，但由于图书馆图书资料的特殊性，它又具有区别于一般商品的属性。图书馆图书资料的特殊性主要表现在以下几个方面。

首先，图书馆图书资料具有价值的不确定性。一方面是商品价值的不确定性，一般商品的价值是由产品的成本和投入的劳动时间决定的，而信息产品的价值是由其成本和采购者、使用者数量的多少决定的，大多数信息商品是体验型商品，在使用之前，其价值大小是无法确定的。另一方面是信息产品不像其他商品那样出售的是产品的所有权和使用权，信息产品不仅可以共享还可以多次出售，因此信息商品交易是在一定时间和空间范围内转移信息的使用权而非所有权，这就使得图书馆图书资料的定价和价值具有不确定性。

其次，信息商品的使用价值是通过使用者间接获得的，图书馆采购图书馆图书资料供读者使用，需要一个过程，不可能立竿见影，其价值体现是一个长期的潜移默化的过程。

再次，信息商品与一般商品不同，一般商品卖出去越多，商品生产者获利越大，其价值是正增长；而信息产品正相反，信息产品使用的人越多，其市场交换价值越小，最后变得无利可图。因此，它具有价值的衰减性。

最后，使用的非排他性和非竞争性。由于图书馆图书资料具有共享性和可重复利用性，图书馆图书资料的利用并不表现为占有和消耗，不像物质资源和能源资源那样，你多一点我就少一点。

2. 信息市场的特殊性

首先，图书馆图书资料的交换形式多种多样，信息市场形态的多样性和复杂性给信息市场的管理和协调带来了一定的困难。信息商品的形式不仅包括信息产品，还包括信息服务。由于图书馆图书资料和信息服务交换范围广，经营形式多种多样，供求关系复杂，导致对图书馆图书资料和信息服务的调控，不像一般商品那样容易。同时，无论是图书馆图书资料还是信息服务，都是信息智能产品，是一种无形的智力商品。特别是随着互联网的普及和数字资源的丰富，信息产品大多以虚拟的形式出现，在很多情况下，其并不能像物质商品那样可直接在货架上出售，交易形式也不是简单的一手交钱一手交货。信息产品在开发时，就锁定了适用对象和适用范围；在商品未生产出来时，就确定了交换关系；信息商品成交后，并不意味着买卖双方关系的结束，卖方还需要继续提供后期服务，而买方在利用该信息商品创造收益的同时还须向卖方支付维护或升级费用。正是因为信息商品交易的复杂性和多样性，买卖双方需要本着契约精神，依据法治环境下的市场原则和市场规律来约束彼此的行为。

其次,由于信息商品的消费者和使用者具有特定的对象,图书馆图书资料的开发和生产过程,包含了大量的原创性的智力投资,因而生产者生产出的信息产品,具有一定的差异性和市场区别度。知识产权保护信息生产者的合法权益和创造性,图书馆图书资料的生产者制定自己的销售价格,并且排除其他竞争对手,形成垄断价格。图书馆图书资料产品的唯一性和垄断地位,使得生产者能够独享信息商品的垄断性定价,并随时可以涨价。在这种情况下,市场调控发生了扭曲和变形,居于垄断地位的图书馆图书资料生产者往往具有更高的定价权,而采购者和使用者处于被动地位,在垄断价格面前毫无还手之力。因此,完全依赖市场调节,就会形成对信息产品消费者不利的现象。在尊重市场经济规律的大前提下,还要应用其他调控手段和其他市场调节机制综合调控。

再次,图书馆图书资料的开发使用需要巨大的投入,但市场前景和销售还不确定,如果定位不准,销售不畅,就会导致血本无归。因此,图书馆图书资料开发的市场风险很大,导致了信息市场的高风险性和投机性。如何在一定程度上化解风险?图书馆图书资料生产者可借助互联网技术手段,做一些新产品的研发、公测和体验,考察未来市场的可接受程度。随着社会发展,未来的信息来源更加广阔,数量更为巨大,交易更为频繁广泛,为了避免市场投入的盲目性,完全借助互联网平台实现信息所有权、使用权的交易和转让。建设统一的、开放的、全方位的互联网信息市场,不仅能满足消费者的独立的信息商品交换需求,还能满足生产者的广阔市场需求。

最后,通过市场机制对图书馆图书资料配置的调节,能有效地引导信息商品的生产,避免盲目投资,发挥巨大的经济效益和社会效益。市场机制通过价格杠杆自动组织信息商品的生产和消费,引入市场机制能及时洞察消费者的需求和选择,了解消费者需求的变化。消费者的需求和选择是通过市场价格反映出来的。只有尊重市场机制,一切按照市场的需求,调整市场计划,才能开发出适销对路的图书馆图书资料产品。市场机制可将信息经济资源进行分配和再分配,从而最大限度地满足人们对信息的需求。

3.激发图书馆图书资料生产者的积极性和创造性

增强市场活力,扩大市场规模,从而达到图书馆图书资料数量和结构的最优化配置。

信息产品的研发与生产是一种具有较高风险和不确定性的经济活动，号称"三高"，即高投入、高收益、高风险。高风险往往与高收益相伴而生，风险越大，收益越高。正是这种机制，客观上刺激生产者进行合理的决策，对价格信号作出迅速及时的反应，开发出适合市场需求并能为消费者带来独特体验的新产品。信息产品的稀缺性和垄断性，能为生产者带来丰厚的利润和较高的市场回报，客观上也保证了图书馆图书资料达到数量和结构的最优化配置，做到图书馆图书资料的质量和效益配置的完美统一。但风险与利益共存，如果没有处理好市场机制的问题，生产出的产品不被市场接受，结果就是前期的投入可能血本无归，生产者将在激烈的市场竞争中处于不利地位。

4.合理改善和优化图书馆图书资料配置结构

各种图书馆图书资料在不同国家、地区、单位、个人间的分布是零散的，各种信息要素如设备、人力、技术和营销也是无序而且杂乱的。个体之间和群体之间所拥有的图书馆图书资料，无论是种类、数量，还是质量，都是千差万别的。正是市场机制这只看不见的手，调和各种市场信息要素，实现信息、知识在个体、组织、社会、地区以及国家之间的合理流动。正是依靠市场机制调控图书馆图书资料所有者和使用者之间的信息交易，促进了图书馆图书资料的合理分配和图书馆图书资料配置结构的合理调节。

市场机制不仅提高了经济效益，还扩大了社会效益。正是市场的价格波动和市场竞争机制，阻挡了信息垄断的产生，实现了图书馆图书资料配置在时间、空间、数量等方面的合理布局。信息垄断是造成不正当竞争和产生社会不公的直接原因，还会导致市场失去活力。只有通过市场机制和市场调节打破垄断，充分竞争，才能提高信息流通的效率并推进社会信息化进程，才能实现社会效益最大化。只有做好市场机制的图书馆图书资料配置工作，才能使信息市场公开、公正和公平地运作，才能更好地促进社会公平正义，为更多的人提供服务，消弭信息鸿沟，促进社会和谐进步。

5.市场机制发挥着不可替代的作用

作为资源配置的基础性机制，市场机制主要包括价格机制、供求机制、竞争机制，另外还有激励机制、风险机制。通过应用市场机制，可以达到社会生产和社会需求之间的一种动态平衡，使市场各种构成要素之间相互制约、相互作用。市场机制的制约和调节作用是一个循环往复、循环传递的过程，其在运行过程中指导和规范图书馆图书资料生产者的生产行为。

在图书馆图书资料配置中起核心作用的市场调节机制主要是价格机制、供求机制和竞争机制。

（1）价格机制

信息商品一方面由社会必要劳动时间决定其商品价值，是无差别的人类劳动的凝结，受价值规律的支配；另一方面，信息商品的价值还体现在其使用效果及由此衍生出的其他价值上，信息商品价格制定是通过信息商品在实际应用中取得的经济效益大小来确定的。由于信息商品具有双重性和特殊性，成交价格可在较大范围内选择回旋，图书馆应该及时掌握不同商家的信息产品价格和图书馆图书资料内容，货比三家，多方询价，在充分调研的基础上，制订出合理规范的采购计划，采用不同的价格策略予以应对。

（2）供求机制

信息作为商品投入市场，必然会出现供求矛盾，供大于求就会降价；反之，就会涨价。供求机制可以为图书馆图书资料生产者提供参考，减少生产的盲目性。由于图书馆每年的采购任务和采购策略不同，因此资金的投入方向也不同。图书馆图书资料生产者如何获悉图书馆的需求，满足图书馆用户的资源需求，是头等大事。如果不做市场调查，一味按照自己的计划和兴趣去生产，就会造成供大于求，这样，一方面保证不了图书馆图书资料生产者的经济效益，另一方面也满足不了图书馆真正的资源需求，供求关系难以达到相对的和谐与统一。正是市场的供需变化，引导和驱使图书馆图书资料朝着最能发挥效益的地方流动，从而避免了图书馆图书资料的浪费和低效益，提高了图书馆图书资料配置的质量。可以说，供求关系能够改变图书馆图书资料的生产消费格局，消除图书馆和信息产品供应商的需求使用壁垒。

（3）竞争机制

如果没有竞争，好的信息产品就没有市场，就会出现劣币驱除良币的现象；如果没有竞争，就没有产品的退出机制，落后的信息产品无法淘汰，市场就失去了发展的动力。竞争机制促使图书馆图书资料生产者争先恐后地拿出优质信息产品，推出高效优质的服务，最大限度地满足图书馆的需求，图书馆也可以以最低的成本获得最好的服务和资源。过去，没有引入市场机制，图书馆没有选择的余地，只能被动地接收劣质资源，而市场经济的竞争机制可以帮助图书馆利用经济杠杆，为自己找到最好的资源和服务，找到图书馆图书资料配置的最佳方案。图书馆图书资料的生产者在利益的驱使下，纷纷拿出自己的特色商品，供图书馆挑选使用。例如，数据库商可以让图书馆试用数据库，图书馆使用满意了，就会下单采购。而独立核算、自负盈亏的运营方式，也使得图书馆图书资料生产者具有较强的竞争实力，能够在激烈的市场环境中生存下来。

(二) 政府监督机制

政府监督机制对图书馆图书资料配置的作用，主要体现在政府采购方面。政府采购是指图书馆利用财政资金按照采购目录或者限额标准采购货物、工程和服务的行为。政府采购是政府行使宏观调控的具体手段，是政府指导资源配置的采购政策，是对一系列采购程序、采购过程及采购管理的监督和规范。对于图书馆来说，通过政府采购可以保证图书馆图书资料配置的依法实施，也是对图书馆图书资料市场的有力呵护。通过政府采购这一市场平台，能够保证市场行为的公开、公正、公平交易，规避市场的恶性竞争，更好地促进图书馆际资源协调共建，更好地发挥政府对图书馆图书资料配置的宏观调控作用。

政府采购具有积极意义，但如果不能正确把握图书馆图书资料这一特殊商品的特性，只是简单地把它当作普通商品去采购，势必会影响采购效果。比如，采购图书一般都是采购当年的新书，但政府拨付的资金往往不及时，造成有些新书买不到；政府采购的程序比较烦琐，往往要排很长时间，一旦流标，那么有可能本年度的采购资金花不出去，想买的书也无法进馆。应该承认政府采购对规范资源配置方式，即图书馆的采购行为发挥了重要作用，但是由于图书馆图书资料的特殊性，它的价值体现在它所包含的知识内容，还体现在其后期的加工服务、支持维护服务方面，其定价与电脑等其他设备类商品不同，不能用买设备的采购模式生搬硬套地进行图书馆图书资料的采购。

由于政府对图书馆图书资料的理解不深，单纯地将设备的采购模式用于图书馆图书资料的采购，给图书馆图书资料配置工作带来了一系列的问题，主要体现在图书馆图书资料配置的行为模式上以及馆藏资源配置和加工上。

1. 政府采购对图书馆图书资料配置行为模式的影响

从行为上看，传统图书馆采购是一种自行采购或自主采购，是图书馆与图书代理商之间只签订简单协议或只达成口头协议的松散采购，经费的支付也仅需符合图书馆本身的财务制度，在一定程度上方便了采访行为。而图书资料政府采购从程序上讲，需制订采购计划和上报资金使用额度；制定招标书，进行公示；主管部门进行审查批复；公开招标并签订采购合同；最后履行采购合同，图书馆采购图书馆图书资料；合同完成进行结算。这些过程都是公开、公平、公正的，对程序和经费使用做到了全程监管。但在具体操作中，每年的购书经费往往是快到5月份才能到账，而为了能保证在年底前及时采购当年新书，把购书经费正常用完，就必须在短短几个月的时间内采购一年的图书，这给资源配置工作带来巨大压力，同时留给采访人员的选书时间很短，严重影响了选书质量。

从资源配置模式上看，传统采购模式下，选择哪家供应商由图书馆决定，只要符合财务要求，可以选择任何一家供应商进行采购，具有一定的灵活性。在政府采购模式下，图书供应商的选择权，由政府主管部门决定，图书馆只能从主管部门所选择和公布的供应商中招标采购。政府采购与图书馆自主采购的区别在于对供应商的选择权和财务支出的程序监管上。供应商今年中标，也有可能下一年就中不了，那么对图书馆的服务就终止了，可是图书馆的服务还必须继续，但新的中标商不了解情况，必须重新适应，这种不稳定的状态对图书馆服务造成了极大冲击，也导致了供应商对图书馆的短期行为。频繁地更换供应商，导致图书馆不断调整与供应商的关系，而供应商也要不断熟悉图书馆的情况和服务流程及要求。这种短期行为必然会对图书馆的资源配置工作产生影响。

2. 政府采购对馆藏资源配置和加工环节的影响

从馆藏资源配置上看，特别是图书招标，图书并不是买来就万事大吉了，往往是和图书的加工编目捆绑在一起的。没有任何一家供应商能保证每次都中标，中标商经常更换，带来的结果是图书加工和编目工作受到影响，也影响了加工质量和加工进度。采用政府采购模式，就是根据供应商提供的采购书目来下订单，供应商为了自己的利益，往往会把一些学术性强、折扣高的书过滤掉，采访馆员拿到手的书目往往没有学术性和专业性的图书，如果按照这个书目采购，其馆藏质量不会得到提升。长此以往，图书的系统性和完整性也会受到影响。另外，供应商为了在最短时间完成一次性供书任务，难免会添加一些不适合的图书以浑水摸鱼，这将影响馆藏资源的可持续发展。

从后期加工来看，问题主要集中于编目数据的质量。编目工作是图书馆重要的基础业务之一，也是图书馆图书资料有序化的必经阶段。图书采访与编目如影随形，图书不经过编目就无法借阅查询。相当一部分图书馆把图书加工的内容作为增值服务，在招标时，明确外包给图书供应商，这样加工人员固定，能保证加工质量。由于政府采购是多家供应商中标，加工人员不固定，加工标准和质量难以统一和保证，对编目数据的影响比较大。编目数据质量的高低，直接影响到读者对馆藏文献的利用，如果编目质量不高，就会给读者带来相当大的麻烦。没有一个标准、统一、规范的馆藏编目数据资源系统，馆藏资源就像一盘散沙，不仅会影响借阅，也会严重影响参考咨询工作的正常开展。由于供应商的精力主要是放在图书采购上，编目只是它的加工服务，因而有些供应商对编目数据并不重视，经常从网上套录数据，往往错误百出。如果编目数据无法达到区分与聚集的目的，就会对图书借阅和参考咨询产生负面影响，导致图书加工质量下降。

要解决以上问题，一方面应坚持政府对图书馆图书资料配置工作的监督指导作用，另一方面还要根据图书馆图书资料的特殊性，及时调整工作重心，改进政府采购工作方法与思路，做到管而不死。为促使资源配置工作良性发展，应该抓好以下几点。

(1) 政府部门与图书馆加强交流沟通，化解分歧

政府采购中出现的问题，往往是由于政府有关部门和图书馆缺乏有效沟通造成的。从管理上看，政府应该更宏观一些，不要一竿子插到底，事无巨细都要管，要给图书馆一定的自主性，因为不同图书馆的定位和服务对象大不相同，不同图书馆的诉求也不完全相同。从以往的招标结果看，很少有两家图书馆的具体操作和要求是完全一致的，大部分都有差异。如有的图书馆实行全额招标，有的只是部分招标；有的仅对中文图书采用政府采购模式，有的对所有文献类型都采用政府采购模式。鉴于这些差异，政府部门要

主动咨询图书馆的意见，而图书馆也要从图书馆业务角度提供参考意见，协助政府部门做好政府采购工作。因此，加强图书馆与政府主管部门的沟通，及时化解双方的分歧，是利用政府采购模式进行图书资料配置的首要条件。

(2) 探索和试行供应商准入机制

图书资料是一种特殊的商品，图书采购是一个连续而又具有时效性的采购行为，使用一般商品的招标采购方法，耗时过多，会直接影响图书的采购行为和质量。可以探索和试行供应商准入机制，由政府层面召集专家在对图书馆图书资料市场充分调研的基础上，制定一个供应商市场准入标准，根据供应商的企业资质和各项服务指标，如性价比、供书周期、增值服务等情况，把其细分为若干等级供图书馆参考，凡是列入这一名录的供应商，图书馆有权决定是否与其合作。如果发现供应商有劣迹和服务有问题，也可以及时向政府部门反映。政府应该是市场行为下图书馆和供应商之间的裁判员，是市场行为的规范者和调控者，而不是直接下场踢球的运动员。有了市场准入这一门槛，可以先过滤掉资质不够的供应商，防止一些皮包供应商来参与招投标，从而提高招标质量，节省了大量考察供应商的时间，提高了工作效率。对已经列入政府供应商名录的供应商实行动态考核，经考察合格的，由政府部门颁发一个有有效期的资格证书。这样不仅可以促进供应商更好地提供服务，还能促使他们提高信息产品质量，并保证服务的稳定性和长期性。

(3) 实行政府采购的监督和评估机制

政府采购的工作重心在于监督与执行。加强政府采购的监督和评估机制，才能保证各方合理正当的利益。政府的监督职能是双通道的，一方面体现在政府不仅要做好政府采购各个环节的监督，做到程序合法合规，还要对合同内容进行严格审查，对资金的使用情况进行全程监管，防止腐败现象的发生；另一方面，要对图书馆供应商的服务质量和合同履行情况进行监督，及时督查供应商的合同履约情况，如其有违背合同的行为，则记录在案，并作为评估依据。当然，图书馆也有义务配合政府部门做好供应商的评价工作，如发现供应商有违规操作行为，可以直接反映给政府有关部门，将其列入黑名单，规定几年不能参加投标，同时向社会公布，取消其资格，严重者进行行政处罚。这样就能促使一批有特色的优质供应商脱颖而出，同时也可以保证图书馆图书资料市场朝着健康有序的轨道发展。当然，供应商也有权利举报图书馆的不当行为,如发现图书馆有超出采购合同的服务要求,也可以向政府主管部门进行投诉。政府应积极调查落实,及时处理,保证图书馆图书资料市场的公开、公平、公正,使图书馆图书资料配置更加顺畅。

(三)产权配置机制

1.产权的含义与特征

图书馆图书资料配置除了受市场机制和政府机制的影响之外,还受产权机制的影响。产权是指对财产的各种权利,这些权利包括拥有、处置、享用其利的权利。使用权、转让权和收益权三者合一才能构成一个完整的产权,每种权利还可以进一步细分,产权就是上述各种权利的有机结合。

不能把产权与所有权画等号,产权和所有权在性质和层次上是不同的。产权比所有权有更加广泛的内涵,所有权只是它内涵的一部分,它还包括使用权、转让权、收益权等,结合财产权利来理解,可以认为所有权是财产权利最基本、最一般的形式。由于产权反映了人与人之间的关系,因此具有社会性。产权社会性能界定的行为关系,反映了交易主体之间的权、责、利关系。通过产权划分,界定了人们可以做哪些事、不可以做哪些事,如果谁违反产权的规定,就应该给对方补偿。产权的这些行为都与财产紧密相连,以获取利益为最终目的。

产权具有可交易性。由于产权客体是主体的劳动或劳动创造的成果,具有价值和使用价值,因而其具有交易和转让的可能。

2.图书馆图书资料产权的含义

图书馆图书资料不仅是一种财产,还是可以交易和消费的商品。图书馆图书资料产权包括所有权、使用权、支配权、让渡权、收益权、管理权等一系列经济权利和法律权利。由于图书馆图书资料区别于一般经济资源,具有许多其他商品没有的特征,是一种无形的经济资源,所以图书馆图书资料产权不同于一般的产权。因此,在图书馆图书资料配置的过程中,明晰的产权界定就显得更加重要。

尽管图书馆图书资料共享是图书馆图书资料配置的理想状态和终极目标,但是事实上图书馆图书资料产权的排他性在现实中是居于统治地位的,两个或多个主体不可能同时拥有控制同一图书馆图书资料的某种相同的权利。特别是在市场经济环境下，对图书馆图书资料产权的控制更严，资源共享不可能像以前那样随意为之，国家颁布了许多有关图书馆图书资料产权保护的法律，如专利法、知识产权保护法等。非专利所有者通过共享使用技术发明等专利类图书馆图书资料需要支付一定的专利使用费，而共享资源的前提是必须缴纳一定的费用。

图书馆图书资料的开发、配置和利用都是一种社会活动，图书馆图书资料产权就是赋予这些活动主体相应的权利，规定他们可以做什么、不可以做什么、在什么样的规则下做，体现的是这些行为主体之间的责、权、利的关系。图书馆图书资料产权是一种关于图书馆图书资料的社会活动，具有社会性。

图书馆图书资料产权是一个权利集合，是可以分解的，既可以横向地分解为使用权、占有权、让渡权、收益权等，还可以按图书馆图书资料的属性分解为公有产权和私有产权。

3.产权的资源配置功能

产权的资源配置功能是指通过产权的确权，明确各利益主体对图书馆图书资料的产权支配，要在资源配置方面做出产权安排，或通过产权结构形成资源配置状况，调节改变资源配置状态的功能。由于产权本身就是一种对资源或是生产要素权利的确立和调整，因此，产权具有资源配置的功能，其功能主要体现在以下四个方面。

(1) 对无产权或产权不明的图书馆图书资料进行梳理确权

由于产权的界定可以减少不确定性，对无产权或产权不明晰的情况进行梳理，并进一步明晰图书馆图书资料产权，能够更好地管理现有的图书馆图书资料，提高资源利用率。比如，图书馆接收一些其他部门不好管理的资源和无产权的闲散资源就是对图书馆图书资料配置的优化组合。图书馆图书资料配置效率的提高，不仅优化了产权结构，也优化了产权的配置功能。

(2) 已有的产权格局或结构，是一种资源配置的客观存在

产权结构界定了其在不同主体之间的配置。在产权主体不变的情况下，不论怎样使用所拥有的产权，怎样调整自身所有的生产要素，产权的权能、利益、损失等，都不会突破已有的格局。改变图书馆图书资料配置，实际上是对资源的再使用、再投资、再消费的过程，也是产权对图书馆图书资料配置的约束调整的表现。

(3) 产权的变动会带来资源配置状态的改变

一般情况下，只要产权有所变化，图书馆图书资料配置就必然随之改变。比如学校合并，分布在各个学校的图书馆图书资料就要进行整合，这就会改变原来产权主体下的图书馆图书资料配置状态，如果产权改变，资源配置格局必然改变，但至于这种改变带来的效果是好是坏，对资源配置效率的影响是提高还是降低，那就另当别论了。

(4) 产权状况

产权状况不仅对资源配置有着重要的甚至是决定性的影响，还可以影响甚至决定资源配置的调节机制。

以上四方面，是产权在客观上所具有的资源配置功能。但要优化图书馆图书资料配置，提高资源配置效率，还需要产权主体的介入，只有二者结合，才有可能把图书馆图书资料配置好。

第二节　纸质图书资料的空间布局与用户开发

纸质图书资料空间布局的目的主要有两个：一个是方便读者寻找查阅，另一个是便于馆员排架整架。合理的纸质图书资料空间布局应该是方便读者在最短的时间内找到所需要的资料，应该方便馆员对图书期刊进行后期管理。

一、纸质图书资料的空间布局

现代图书馆的空间布局相较于传统图书馆已经有了极大变化。进入21世纪，英国国家图书馆首次提出要重新定义图书馆。之所以要重新定义图书馆，是因为未来的图书馆在科研信息生命周期中所扮演的角色发生了转变。图书馆已经不再是一个被动封闭的空间，而是一个泛在的场所，其不但帮助人们获取信息，通过科研创造知识，而且传播科研成果，集成科研信息供读者和用户检索导航。这种多角色的要求使图书馆不得不在图书馆图书资料的组织形式和内容上进行巨大的改变。2009年国际图联在意大利都灵召开了卫星会议，其主题为"作为场所与空间的图书馆"，第一次把"场所"这个概念与图书馆联系起来。图书馆的定义随着物理空间的重塑和虚拟空间的拓展发生了改变。信息时代，人们可以依赖互联网查询自己想要的东西，图书馆虽然存在了上千年，但要想在数字为王的时代突围，焕发长久不息的生命力，就必须由原来的文献资源藏阅合一向数字资源优先、多媒体为主的现代图书馆模式转型。

图书馆的空间布局也要随之变化，打破过去藏阅一体的空间布局，代之以学习空间、交流空间和休闲空间并举。在学习空间方面，纸质图书资料的排列组合是把纸质图书资料按照学科性质、种次结构、文献类型等特征，根据不同的使用功能，排列组合成相对独立又相互联系的若干区域，以便读者查找使用。纸质文献空间布局是随着图书情报信息机构规模不断扩大、资源数量不断增多、用户借阅和访问量剧增的新形势，不断调整的结果，具有相当的科学性和客观性。

纸质图书资料空间布局一般分为三种结构形式，即水平布局、垂直布局和混合布局。

（一）水平布局结构

图书馆建筑的三个主要部分，即书库、阅览室和工作人员办公区，处于一个水平面上，这种纸质图书资料布局的书库，称为水平布局结构。这种结构适合于小型图书情报机构，因为其纸质图书资料不多，建筑规模不大。目前的小型图书情报机构依然采用这种结构形式，其要求图书排列清楚，藏书空间与使用空间有机结合，方便图书馆工作人员熟悉和研究藏书，有效管理藏书。水平布局结构的优势是管理直接、一目了然；不足是功能重合，容易相互干扰，对于资源丰富的图书馆，显得空间不够。

（二）垂直布局结构

垂直布局结构是纸质图书资料布局从一个水平布局发展到多层布局，图书馆的基本书库与图书馆的其他建筑分开，或阅览室环绕书库，或书库有专门的通道与图书馆阅览室及其他部门相连接。这样不仅能保持藏书的安全状态，还能使书库藏书与读者保持短距离的联系。多数大中型图书馆适用这种布局模式。垂直布局结构的优点是功能分开，互不干扰；缺点是灵活性较差，不便调整，馆员工作强度大，如一人管理多层书库，频繁地上楼下楼会消耗大量体力。

(三) 混合布局结构

综合水平布局和垂直布局的优点后,即是水平与垂直混合布局。这种布局方式在空间上呈三维立体方向伸展,适合现代图书馆的空间布局。这种布局将常用的书放在同一水平面上,使读者方便利用,将不常用的书放置在书库不太重要的位置,兼顾了水平布局和垂直布局的功能。

二、纸质图书资料空间布局的要求

(一) 方便读者使用

图书馆学习空间资源配置应该体现以读者为先的思想,优先考虑如何方便读者,使读者在最短的时间内找到需要的图书。因此,图书馆应该普遍实行开放式的空间布局,方便读者迅速找到所需要的书刊。例如,香港城市大学图书馆的空间布局,就体现了学科化和现代化的服务理念。在一个平层的空间中,书库面积占40%,馆藏图书不按分类法排架,而是按主题排列于4个主题区,另有45%的面积用于学习空间共享,提高读者服务的工作效率。这一尝试打破了原有的资源布局模式,为我们提供了一种新的思路。

(二) 方便馆员管理

在方便读者利用藏书的前提下,实现开架阅览,无形中造成了图书和期刊乱拿乱放的现象,也增加了馆员工作的强度和难度。为提高工作质量,方便图书馆工作人员进行藏书的有效管理(如图书的入库上架和藏书的排列、检索、清点等工作),空间布局也必须考虑馆员工作的方便性。图书馆工作人员如果不对藏书进行有效管理,方便读者利用就只是空谈。

三、书库的划分与布局

根据"二八法则",图书馆20%的图书能够满足80%读者的需求,因此,图书馆的藏书不可能全都摆在读者面前,那就要划分书库。可以根据不同的标准,划分成功能不同的书库,应该说书库的划分是图书布局的核心。图书馆只有根据不同的需求和标准将纸质图书划分成不同类型，组成各种系列的书库，才能科学合理地安排与布局。划分书库的标准和依据很多，但通常的做法是根据功能和使用方式，划分为基本书库、辅助书库和专门书库；根据藏书利用率来组织藏书，将书库划分为一线藏书书库、二线藏书书库和三线藏书书库。

(一) 基本书库

基本书库是收藏图书的主体和基础，也被称为"总书库"。基本书库中既收藏常用的书刊，也收藏供研究用的参考性书刊和不常用的偶尔备查的资料性的书刊。基本书库收藏的文献类型也是多种多样的，既有印刷型文献资料，也有诸如缩微、音像、光盘等非印刷型文献资料。样本库也包含在基本库内，其主要功能有：对藏书全面收藏、长久储备，临时调阅参考以及剔除处理等。

(二) 辅助书库

辅助书库是指图书馆为借书处、阅览室、研究室等读者服务部门设置的书库，是基本书库的补充。例如，公共图书馆的"农家书屋"，图书馆分布在各高校科研院所的图书资料室等，都以方便使用为原则，为读者提供最需要的藏书，其藏书具有实用性和较高借阅率。辅助书库的设置要根据图书馆的规模和性质灵活安排。大中型图书馆可根据需要设置专科性、专题性等针对性较强的辅助书库，以满足读者专门性借阅和参考的需要。虽然常用参考书和工具书，具有相对的独立性和稳定性，但图书馆应根据读者需求不断补充实用性、参考性强的新书，以及时替换内容陈旧的图书。

(三) 专门书库

专门书库又称特藏书库，作为图书馆特色部分，其主要是为满足读者的特殊需要或解决某些特殊文献的保管而设置的。专门书库的设置视图书馆的规模和性质而定，其收藏文献资料的范围较广，包括图书馆的善本、珍本、稿本、地方文献、特种文献、声像资料、缩微资料、光盘资料等。专门书库的设置体现了具体图书情报机构的纸质图书资料特色和服务特色，例如，国家图书馆的手稿专藏、善本书专藏，省级图书馆的地方文献专藏，高校图书馆的博士、硕士论文库。

（四）一线藏书书库

一线藏书是指读者借阅率和利用率最高的图书，一般出版和发行时间相对较短。一线藏书书库包括开架借书处和开架阅览室的辅助书库，收藏的文献资源具有针对性、现实性，利用率高，新书多，供读者开架借阅。在入藏新书刊时，应首先保证一线藏书书库的需要。一线藏书至少能够满足读者总借阅量的50%~60%，一线藏书书库一般收藏5年以内的图书和3年以内的期刊。

（五）二线藏书书库

二线藏书书库是指读者阅览率比较高，相当于闭架或半开架的辅助书库，包括阅览室的闭架和半开架书库。其收藏的文献资源针对性和现实性较强，利用率较高，按期出版的书刊较多，向读者提供查询借阅服务。二线藏书能满足读者总借阅量的20%~30%，二线藏书书库收藏5年以上的图书和3年以上的期刊。

（六）三线藏书书库

三线藏书书库是指读者浏览借阅很少，利用率比较低的书库。其收藏的文献资源利用率低，多是各种陈旧过时的和比较少用的书刊，仅供部分读者备查参考，必要时提供临时借阅。三线藏书书库主要收藏10年以上利用价值不大的图书。

传统图书馆的藏书布局有很大的局限性，即藏书、借阅和阅览各自独立，相互封闭。空间狭小、功能单一的书库、阅览室给读者带来了许多不便。例如，读者因不能直接接触到图书，无法浏览了解该书的内容而无法选择，或一种资料收藏于多处，需要读者往奔走多次才能找到。同时，若设置过多的阅览室还则需安排较多馆员，造成人力资源的浪费；而配置复本多且借阅率低的图书，也是对采购资金的一种浪费。

随着网络技术的发展和图书馆服务理念、服务模式的转变，为方便读者获取图书馆图书资料、交流信息，应实行"藏借阅一体化"的新型藏书布局模式，打造集学习、交流、休闲于一体的空间，建成复合型的图书馆。

"藏借阅一体化"就是拆除了原先封闭的书库围墙，读者凭证件进入图书馆后，就可以通过自助借还机完成借还。现代图书馆通常采用大空间设计，根据需要将空间分割成不同的功能区。图书馆"藏借阅一体化"这一新型藏书布局模式的优点体现在以下几个方面。

第一，全开架的借阅。读者可自行到检索机器检索所需要的书，查看图书的内容简介、所在的位置和剩余数量，这方便读者了解图书内容，判断是否需要借阅并快速找到位置。

第二，开架借阅后，可以适当减少复本数。通过计算机对借阅图书的频次统计分析，可以找到使用频率不高的书，以后采购时就会有所考虑，少买或不买这类书，以节约图书购置经费。

第三，由于新的布局节省了人力资源，把过去许多工作人员做的工作交给读者去做，提高了劳动效率。

第四，图书馆的这种布局适应了学习共享空间、科研交流空间与在线学习相互融合、相互促进的大趋势。服务理念和服务模式的更新，方便了读者，满足了读者需求，体现了以人为本和效率优先的科学管理思路，实现了现代服务设备和服务手段的不断升级，为读者带来了更好的服务体验。

四、书库内的排架

布局和排架是组织纸质文献的两种重要形式。布局是整体上的行为，是对全馆而言的，排架是具体到每个房间内的排列展示，二者既有区别又有联系。纸质文献排架又称纸质文献排列，是指按文献的种类和编号将纸质文献有序地排列在固定的书架位置，便于读者、馆员准确及时地借阅与归架。每种文献排列的顺序，一般按索书号来组织，便于读者查找借阅。

（一）纸质文献排架的要求

为了做到科学合理便捷地借阅和归架，达到方便检索、存取的目的，图书馆馆藏文献排架应该遵循以下几个方面的要求。

第一，便于检索和利用，能简便迅速地借阅及归架，节省人力和时间。

第二，便于读者系统地选择使用纸质文献，也便于图书馆工作人员通过书架直接了解和掌握文献的入藏情况和库存情况。

第三，充分利用书库空间，节约书库面积，减少倒架的次数。

第四，有利于对纸质图书资料的管理，便于清点和剔除。

(二) 纸质文献排架的方法

纸质文献排架方法可分为两种类型：一种是以文献的内容特征为标志的内容排架法，包括分类排架、专题排架，其中，分类排架是主要排架方法；另一种是以文献的外在特征为标志的形式排架法，包括字顺排架、登记号排架、固定排架、年代排架、书型排架、文种排架、地区排架等，其中，字顺排架、登记号排架、固定排架等使用较多。

1. 内容排架法

内容排架法是按照文献内容进行排架的方法，一般按照类别或专题，分为分类排架法和专题排架法。

(1) 分类排架法

分类排架法是按照学科体系排列纸质文献的方法，基本上按照图书分类号顺序排列，把同一类号的文献集中排列在一起，同一类号下的不同文献再按书次号排列。

分类排架法是各类图书情报机构最常用的一种排架方法，也是提供给图书馆管理员最便捷的排列方法，便于工作人员熟悉和研究纸质图书资料，有利于阅读指导，同时也给读者查找纸质图书资料及类别相近的纸质图书资料提供了方便。但其也有不足之处，体现在：为了集中同类纸质图书资料，必然要在每类后留下一定书架空当，便于后续图书的入藏，因此在大多数书架排列不满的情况下，就造成了书架的浪费；在新入藏文献大量增加，某些类别纸质文献排列的书架饱和时，则要调整书架甚至倒库，需要耗费人力、物力和时间；分类排架法号码冗长、繁杂，影响工作效率，且容易出错。尽管如此，由于分类排架法优点更加突出，仍不失为一种常用的排架方法。

(2) 专题排架法

专题排架法是将图书馆的纸质文献按专题范围划分并组织排列起来的方法，通常具有专架陈列、专架展览性质。分类排架法是将文献按学科体系纵向展开，专题排架法则与分类排架法不同，是将文献按横向范围集中，打破了学科隶属界限，将分散在各个小类甚至大类下的同一专题的文献集中在一起，向读者宣传推荐。这对于从事专题研究的人员来说，非常方便他们获得与某一专题有关的各方面的资料。

专题排架法一般不给纸质文献标注专题排架号，只作为临时性排架之用，各专题之间也没有必然联系。因此，专题排架法机动性、适应性强，通常用来宣传某个专题或某一体裁的纸质文献，而不适用于排列大量的纸质文献。

2. 形式排架法

形式排架法是指按纸质文献的外部特征来进行排架的方法，主要包括七种具体方法。

（1）登记号排架法

登记号排架法按图书馆为每一册文献编制的个别登记号顺序进行纸质文献排架。登记号排架法一般是用来对各种利用率低的备用纸质文献进行密集排架，不适用于普通书库排架。优点是根据个别登记号取文献、归架、清点都很方便，而且节省书库空间，不用倒架；缺点是按文献入藏的先后顺序排列，各种文献之间没有必然的联系，同类及同责任者的纸质文献也不能集中，不便于检索利用。

（2）固定排架法

固定排架法按入藏文献的先后顺序，依次固定排列在书架上，并按照这个固定的位置，给每一册文献一个具体的排架号，形成固定排架号。这种排架号由三部分组成：书架号、层格号和某一文献在该层的顺序号。优缺点与登记号排架法相同，但更适用于排列保存性及储备性纸质文献，特别是古籍线装书。

（3）字顺排架法

字顺排架法依据一定的检字方法，按照文献的题名或责任者名称的字顺进行排架。字顺排架法通常作为分类排架法的辅助来排列中外文图书，使同类、同种书集中在一起。这种方法辅之以年代区分，可以用于中外文报刊合订本的排架。

（4）书型排架法

书型排架法按文献装订的大小等外形特征分别排列特殊规格或特殊装

帧的书刊资料,是一种辅助性组配排架法。这种排架法,将不同类型、不同规格的文献区分开来,并用不同的字母标示特殊规格书型出版物。采用这种方法排列纸质图书不仅能节约书库空间,还能使书架整齐美观。但由于这种排架方法缺乏科学的逻辑顺序,只能在特殊类型图书馆中使用。

(5) 文种排架法

文种排架法按文献本身的语言文种排列各种外文文献,是一种辅助性组配排架法,可与分类、字顺排架法同时使用。首先将纸质文献按文种区分,然后将相同文种的文献按照分类、字顺或其他号码排列。外文文献的文种一般区分为西文、俄文、日文及其他文种。在收藏大量外文或少数民族文种文献的图书馆,这种方法被广泛采用。

(6) 年代排架法

年代排架法按文献本身的出版年代顺序排列纸质文献,是一种辅助性组配排架法,特别适用于过期报纸、期刊的合订本及其他有年代标志的连续出版物。其同登记号排架法或字顺排架法结合使用才有意义。

(7) 地区排架法

地区排架法按照文献出版或内容涉及的地域(国家、省、自治区、直辖市)名称排列纸质文献,主要用于地方志等的排架,是一种辅助性组配排架法。

每一种纸质文献排架的方法都有其优缺点,因此,在纸质文献排架实践中,图书馆一般是综合使用几种方法,对于不同文献采用不同的排架方法,以便取长补短、优势互补。

3. 纸质图书资料的主要排架工作法

(1) 普通图书的排架

一般采用分类与字顺(著者字顺、书名字顺)或分类与序号(种次号)配合使用。按照分类种次号排架比较简单,容易掌握,工作效率也高,但不能集中同一门类中同一著者的著作;分类著者号则可以集中同一门类中同著者的著作。因此,这两种排架方法使用较多。

(2) 期刊的排架

期刊的排架分为现刊排架和过刊排架两类。现刊排架的方法比较简单,期刊品种较少的图书馆可以直接按刊名字顺或期刊原有出版刊号顺序排架;

期刊品种较多的图书馆要先按大类粗分,再按刊名字顺或种次号排列。过刊的排列通常采用四种方法:第一种是分类－刊名字顺排列,即先按分类号排列,同类再按刊名字顺排列;第二种是分类－种次号排列,即先按分类号排列,同类再按种次号排列;第三种是刊名字顺－年代排列,即先按刊名字顺排列,同种期刊再按年代顺序排列;第四种是登记号排列,即按过刊合订本的个别登记号顺序排列。

(3)特种文献的排架

科技报告、专利说明书、技术标准等特种文献,因原本都编有各自出版顺序号,读者也比较注意这些文献的原有文献出版顺序号,因此,如果图书馆收藏的此类文献多,就可按原有出版顺序号排架;但如果收藏的数量少,则仍按其入藏登记号顺序排架。

(4)内部文献的排架

内部交流的文献和零散的文献,篇幅小,装订简单,数量较多,出版形式多样,应装入文献袋或文献盒中,采用登记号排架。这样既便于使用,又有利于纸质图书资料的保护。

第三节 数字图书资料配置的组织与方法

一、数字图书馆图书资料配置的内涵和特征

数字图书馆图书资料配置主要是对数字图书馆图书资料中的信息内容、信息技术设备、信息系统等进行合理分配与布局,合理调控数字资源的数量和质量,为广大读者利用丰富的数字图书馆图书资料提供保障,提高数字资源的利用率和访问量,实现数字信息使用价值的最大化,最大限度地为读者服务。

数字图书馆图书资料是一种虚拟资源,也是一种经济资源,与其他的实体资源相比,有自己的特征。正因为数字图书馆图书资料的这些特征,使得数字图书馆图书资料在配置过程中也存在着特殊现象。数字图书馆图书资料配置的特征主要体现在以下几个方面。

(一) 层次性

数字图书馆图书资料配置的层次性是由数字图书馆图书资料本身的层次性和用户需求的层次性组成的。数字图书馆图书资料的层次性本身包括内容上的层次性和载体上的层次性两个方面。内容上的层次性是指数字图书馆图书资料开发的程度有深有浅，载体上的层次性是指数字图书馆图书资料具有不同性质的载体形式。而用户需求的层次性是指用户的文化背景、年龄层次、知识结构等不同，对数字图书馆图书资料的需求也各不相同。

(二) 动态性

数字图书馆图书资料是一种随时间变化而变化的动态资源。数字图书馆图书资料的产生、发展和消亡处于一个运动过程中，旧的数字图书馆图书资料逐渐过时被淘汰，新的数字图书馆图书资料不断产生和发挥作用。

数字图书馆图书资料的配置随着数字图书馆图书资料的动态性不断发展变化。伴随着数字图书馆图书资料内容、质量、时效性的变化，以及数字图书馆图书资料共享环境、条件和要求的变化，数字图书馆图书资料配置组织方式也要作出改变。数字图书馆图书资料的组织主要受数字图书馆图书资料供给能力、数字图书馆图书资料需求、数字图书馆图书资料价格及采购实力等因素的影响。

(三) 渐进性

数字图书馆图书资料的配置过程本质上就是一个从不合理逐步趋向合理，从无效率或低效率逐步趋向有效率或高效率的过程。在这个过程中，要特别避免"耗散结构"现象的发生。要通过图书馆图书资料的配置和组织，把处于混乱无序状态的数字图书馆图书资料调整到井井有条。

(四) 时效性

数字图书馆图书资料与纸质图书资料一样，都有一定的使用寿命，因而具有时效性。时效性意味着把握时机的重要性，如果配置过早，利用率不高，数字图书馆图书资料得不到及时和全面的发掘，就会造成浪费。因此在数字图书馆图书资料配置过程中,要综合考虑,善于把握时机,只有在合适的时间进行配置,才能取得最大的效益。

(五)共享性

互联网的存在,使得数字图书馆图书资料的共享更为方便和及时。数字图书馆图书资料可以被不同的用户使用,而不会受到用户数量的限制,通过共享还能使数字图书馆图书资料的内容变得更加丰富多彩。数字图书馆图书资料共享不仅为读者提供更多资源,还可以节省大量的资金。

二、数字图书馆图书资料组织的主要路径和方法

只有树立一定的质量把控标杆,建立严格的管理监督机制,才能有序地组织数字图书馆图书资料,才能建立真正有序的信息空间,实现数字图书馆图书资料的最大化利用。只有制定和寻找一定的组织路径,才能快刀斩乱麻,理出头绪,做好数字资源的组织工作。

(一)数字图书馆图书资料组织的主要路径

数字图书馆图书资料的组织路径一般包括文件路径、自由文本路径、搜索引擎路径以及数据库、超媒体、主题树、指引库等路径。

1. 文件路径

文件路径把不同格式的图书馆图书资料统一用文件的方式组织起来,统一管理统一调用。在文件中,各种非结构形式的资源都可以被收纳,如程序算法、图像图形、音频视频、多媒体资料等。文件路径的优势是管理组织图书馆图书资料简单易行,美中不足的是网络的负载过大,检索使用不方便,管理层次简单,不适合复杂的管理层次结构,会影响图书馆图书资料的调用和控制。

2. 自由文本路径

自由文本路径主要适用于全文数据库的信息组织,可以完整呈现文献全貌,可自由检索任一字段,语言处理简单易行,不必用规范化语言,用自然语言就可以完全揭示图书馆图书资料。用户也不必使用规范语言,用自然语言就可以检索到自己需要的资源。

3. 搜索引擎路径

搜索引擎路径是利用搜索引擎组织数字图书馆图书资料的方式。根据TCP/IP网络协议在网上漫游，发现新的网址、网页信息，然后对有用的信息进行抽取、排序、归并后建立网络索引数据库。网络索引数据库提供特定处理系统需要的相关信息，如网址、一些相关性描述的信息和一些可被计算机识别的字段和字符等。用户使用关键词就可以搜索需要的图书馆图书资料，根据搜索引擎提供的网址找到资源所在。但是搜索引擎给我们提供的网址内容非常庞杂，如果进行学术研究，还必须去粗取精、精心挑选，减少盲目性，提高检索效率。

4. 数据库路径

数据库路径采用固定结构方式，应用巡视软件采集和标引数字图书馆图书资料，然后保留存储。用户可以通过关键词查询，直接浏览相应的数字图书馆图书资料。数据库组织方式可以大量处理结构化的数字资源，提高信息的有序性、完整性和安全性，但对非结构化的信息处理无能为力。

5. 超媒体路径

超媒体是超文本技术与多媒体技术的结合体，利用该技术可以把文本图像、图标图示、声音画面等多媒体图书馆图书资料统统整合在一起。用户可以通过浏览的方式搜寻所需信息，不需要语言检索，但同时也存在浏览过多、难以准确定位自己想要的图书馆图书资料的不足。如果不对浏览站点或网页进行保存，往往会在浏览的过程中迷失，找不到所需内容，从而陷入一种信息"迷航"现象。

6. 主题树路径

主题树路径是一种基于树形浏览网络信息的方式。对图书馆图书资料进行主次排列组合，按照一定的逻辑关系和归属，并命名一定的主题，从而为图书馆图书资料组织打下基础。根据树形结构组织起来的图书馆图书资料脉络清楚，主题鲜明，信息搜寻界面简单易用。该路径具有严密的系统性和良好的可扩充性，缺点是要求体系结构不能过于复杂，每一类目下的索引条目不宜过多，不适宜建立大型的综合性的网络资源系统。

7. 指引库路径

指引库将图书馆图书资料的索引按照主题分级加以组织，这样就可以把互联网上与主题相关的节点进行集中,集成一个网络导航,用户可以根据这个导航链接所需要的网址。因为指引库对这些网址进行过检查和筛选,不可靠的资源已经被过滤,用户使用起来非常方便,可靠性也比较强,对用户的针对性也更强,不足之处是需要对信息进行分类标引、设计主题树结构等,工作量较大。

(二)数字图书馆图书资料组织的主要方法

沿用传统的图书馆图书资料组织方法,如分类法、主题法和书目控制等,对数字图书馆图书资料进行组织,虽然行之有效,但不能完全适应数字图书馆图书资料组织。针对互联网的信息组织工具如元数据、XML可扩展标识语言、概念体系等的引入,改变了数字图书馆图书资料的组织模式。应用这些方法和工具,不仅使数字图书馆图书资料组织从信息组织迈向知识组织,而且还能围绕用户体验,真正实现面向语义的数字图书馆图书资料组织。

1. 传统的数字图书馆图书资料组织的主要方法

(1) 分类组织法

分类组织法是沿用传统纸质文献资源的分类方法,主要以学科分类限定检索范围,从而为用户提供一个学科分类的"知识地图",但如果用户对要检索的东西把握不准,使用该种方法就可能得不到想要的结果。另外,数字图书馆图书资料庞杂,甚至有些内容不好界定其学科分类,再加上数字资源的表现方式更多的是非文本信息,这样单靠分类搜寻就显得力不从心。

(2) 主题组织法

理论上可以根据词表组织数字图书馆图书资料,但实际上依靠叙词表、标题表组织数字图书馆图书资料,不仅工作量大,而且逻辑关系复杂,在互联网中几乎无人使用,更多的是采用关键词搜寻。以网站、网页的题名、地址、摘要及正文中的自然语词为关键词,建立索引数据库,用户通过搜索引擎输入关键词,就可以检索获取到相关网络信息的超链接。目前,绝大多数搜索引擎使用关键词法,不仅有效组织了数字图书馆图书资料,而且还为用户提供了高效简便灵活的检索方法。但主题组织方法受关键词影响较大,而且不是建立在语义关系上的检索,因此不可能非常准确地为用户找到需要的图书馆图书资料。

(3)分类主题合并法

分类主题合并法是把分类和主题二者结合起来的方法。合并法强化了分类浏览与主题浏览之间的联系,弥补了二者的缺陷和不足,但不能从根本上改变它们对数字图书馆图书资料组织的不足。在网络环境下,图书馆图书资料组织在理论和实践上必须寻求新的突破。

由此可以看出,传统的信息组织方法在组织数字图书馆图书资料方面有很大的局限性,因此有必要另辟蹊径,寻找新的现代组织方法。

2.面向语义的组织方法和元数据组织方法

随着网络的普及,传播和接收信息变得易如反掌,人类真正进入了自媒体时代。数字图书馆图书资料数量巨大,发展速度极快,呈现指数型增长,但传播源头分散,缺乏有效组织。数字图书馆图书资料组织方法主要有以下两种。

(1)面向语义的组织方法

信息内容庞杂,数字图书馆图书资料质量参差不齐,如果没有有效的信息组织方法就难以应对如此大的信息量,而读者也要求用户界面的友好性、搜索系统易用性和功能的强大性。因此,面向语义层次的信息组织方法应运而生。

一般来说,数字图书馆图书资料组织存在三个层次,即语法信息、语义信息和语用信息,分别对应着信息的形式、内容和效用三个层次,与此相关,语法信息组织、语义信息组织和语用信息组织也就形成了传统信息组织与网络信息组织方法的三个层次。

语法信息是信息组织的基础,依靠语法信息这些基础材料盖成大厦;语义信息是填充大厦的内容——信息知识标引;通过用户查询,语用信息得以发挥。这三种方法不可偏废,是相互联系的整体。在实际操作过程中,不可能只用其中的某一层次的组织方法,只有将不同层次的不同信息组织法综合运用,才能把数字图书馆图书资料组织好,才更加贴近并符合人类的认知规律。

为了实现基于语义数字图书馆图书资料的查询,必须改变目前 HTML 标记语言不能智能判断的缺陷。HTML 标记语言简单易用,对快速促进互联网的发展功不可没,但是 HTML 标记语言的标签集只是标记了内容的显示格式，对数据内容则没有标记，使用 HTML 标记语言的数字图书馆图书资料就难以精确地为用户提供需要的资源。例如，"orange"一词，究竟是指水果还是指橘色，HTML 标记语言无从判断。搜索引擎无法对知识进行理解和处理，只做简单的匹配，最终导致提供的图书馆图书资料呈现一词多义或一词同义，难以达到较高的查准率和查全率。而采用 XML 标记语言就可以很好地解决此问题。XML 是一种基于 SGML 的语言，简单灵活，保留了 SGML 的可扩展功能，允许嵌套信息结构；允许定义数量不限的标记描述资料，直接处理 Web 数据。XML 在网络资源的组织上，已成为元数据规范的语言基础，广泛应用于人工智能、知识表示和信息检索等领域，并且已成为公认的国际标准格式，也是信息保存和信息交换的理想格式。

尽管 XML 标记语言相比 HTML 标记语言已经有了很大的进步，但是二者提供的信息如果不及时著录，就会杂乱无章，不方便用户检索。

（2）元数据组织法

元数据组织法是网络信息组织的重要工具，其通过选用一定数量的通用数据单元来描述互联网上的数据和资源属性，被称为数据的数据。无论是数字资源的管理者还是使用者都可通过元数据的聚合著录功能，把分散在网络上凌乱的、碎片化的图书馆图书资料汇总、序化、优化，形成统一的定位、选择和检索系统。用户也可以快速准确地查到分布在各地的图书馆图书资料，提高检索的准确率。

元数据经过多年开发，有描述性元数据、管理性元数据、结构性元数据、保存性元数据等。伴随互联网智能化程度的提升，词表逐渐演变成语义更为丰富的词库，包含更复杂的语义关系，在网络环境下，其未来的发展方向就是构建概念体系 Ontology（本体）。Ontology 是一种建模工具，是用来描述信息系统的概念模型，支持复杂的概念层次结构和逻辑推理。通过使用概念体系（Ontology）这一工具，构建面向特定用户群体的个性词库，给特定用户提供个性化信息服务。利用 XML、RDF、Ontology 这些数字图书馆图书资料组织的技术工具，能够完全解决语义层次上的网络信息共享和交换。

三、数字水印技术与数字资源访问控制技术

（一）数字水印技术

随着数字技术的飞速发展，我们的生活被各种数字内容所充斥，如数字图像、音频、视频、文档等。这些数字内容在带来便利的同时，也带来了新的安全问题。如何确保这些数字内容的安全性和真实性，成为亟待解决的问题。数字水印技术正是解决这一问题的关键技术之一。

1. 数字水印技术的定义和原理

数字水印技术是一种利用数字媒体在内容中嵌入微小的、难以察觉的标记的技术。这些标记可以是文字、图像、音频等，用于标识内容的来源、所有权、时间戳等信息。当需要验证内容的真实性和来源时，可以通过提取这些水印信息来验证。

数字水印技术的工作原理主要涉及以下几个方面。

（1）不可感知性。数字水印技术应确保嵌入的水印对原始数据的影响微乎其微，以至于人类感知系统难以察觉。这意味着水印的加入不应显著改变原始数据的视觉或听觉特征，应保持其原有的使用价值。

（2）鲁棒性。数字水印技术应能在经历多种信号处理过程后，如图像压缩、滤波、噪声污染、尺寸变化等，仍能保持水印的完整性能或被准确鉴别。这种鲁棒性对于防止恶意攻击和保护版权至关重要。

（3）嵌入和检测过程。数字水印的过程可以看作在强背景下叠加一个弱信号，而检测水印的过程则是在有噪信道中检测弱信号。这涉及在原始数据中秘密地嵌入著作权信息，以标识真正的所有者。

（4）应用领域。数字水印技术广泛应用于版权保护、产品真实性验证、数字产品的完整性保护以及去向追踪等领域。例如，在纸质纤维中嵌入标志用于防伪，或在数字媒体信息（如图像、视频、音频等）中添加数字信息以保护版权。

（5）水印生成和提取。水印的生成通常涉及结合数据归属方的密钥信息和原始数据属性信息，通过算法生成待嵌入的水印。水印的提取则需要通过相应的算法从嵌入水印的数据中尝试提取有效信息，以证明数据归属。

总的来说，数字水印技术是一种在不影响原始数据使用价值的前提下，通过嵌入不易察觉的数字信号来保护版权、验证真实性、追踪盗版或提供产品的附加信息的技术。

2. 数字水印技术的应用

数字水印技术在多个领域都有广泛的应用，包括但不限于以下方面。

(1) 版权保护

通过在数字内容中嵌入特定的水印信息，可以确认内容的版权所有者，防止盗版和侵权行为。

(2) 身份认证

水印信息可以用于身份认证，如用于网络身份验证或智能卡等。

(3) 时间戳

水印中的时间戳信息可以用于记录内容的创建时间，这对于数据溯源和时间敏感的应用场景非常重要。

(4) 媒体完整性验证

通过提取水印信息，可以验证媒体的完整性，防止媒体在传输过程中被篡改。

3. 数字水印技术的特点

(1) 安全性

数字水印是以隐蔽手段嵌入的信息，难以篡改或伪造。当原数据内容发生变化时，数字水印一般随之发生变化，对于重复添加信息，其也具有很强的抵抗性，从而可以用来检测原始数据的变更情况。

(2) 隐蔽性

数字水印不易直接被感知，只能通过数据压缩、过滤等方法才能检测嵌入的信息。同时，数字水印不影响被保护数据的正常使用，不会因为添加数字水印而降低原数据的质量。

(3) 鲁棒性

鲁棒性就是系统的健壮性，是指数据在经历数据剪切、重采样、滤波、信道噪声、有损压缩编码等多种信号处理过程后，数字水印仍能保持部分完整性而被检测出来。如果擅自去除嵌入的标识信息，就会影响数据内容的质量。

(4) 嵌入容量大

嵌入容量是指载体在不发生形变的前提下嵌入的水印信息必须是足以表示数据内容的创建者或所有者的标志信息。数字水印包括序列号、图像、文本等各种形式。在版权标识方面，之前图书馆常见的做法是在图像、文本、视频等数字载体上直接添加标识信息，使读者能够直接感知。这种方式不但影响视觉效果，且易被去除或篡改，使数据的安全性受到影响。数字水印技术是利用数据隐藏原理使版权标志不可见或不可听，既不损害数字内容，又能达到版权保护的目的。目前，用于版权保护的数据水印技术已经进入了初步实用化阶段，IBM 公司、Adobe 公司等就在其产品中提供了数字水印功能，可供图书馆作为技术实践参考。

(二) 数字资源访问控制技术

数字资源访问控制是图书馆常用的数字版权保护措施之一，也是图书馆与数字资源供应商合同约定的必要内容。目前，图书馆进行访问控制的主要方式包括数字资源发布范围控制、用户认证管理、用户访问行为规范等。

1. 数字资源发布范围控制

图书馆数字资源的来源十分广泛，主要获取渠道包括采购、许可授权、自主建设、征集、捐赠、交换等，各种来源资源的版权状态与使用限制也不尽相同，这要求图书馆在提供发布服务时，必须采用"分类分层"管理方式，严格按照版权要求和合同约定控制资源的发布范围。控制数字资源发布范围主要依靠数字资源管理系统和用户信息管理系统的设置，控制的依据是数字资源的版权状态。公有领域资源和图书馆自有版权资源允许的发布范围较为广泛，图书馆可根据自身需求选择发布控制；对于尚在版权保护期内的资源，其发布范围则受到法律约束，图书馆应根据本馆获得的授权情况进行发布。因此，在图书馆与供应商签订授权合同时，必须明确约定发布范围。通过计算机互联网、局域网、广播电视网、固定通信网、移动通信网等方式提供数字资源服务，涉及信息网络传播权等不同种类的版权，这是图书馆在获取授权中应当重点审查的内容。针对发布服务的范围，图书馆应通过明确的合同约定和有效的权利审查予以确认，避免在服务中引起版权纠纷。

2. 用户认证管理

用户认证管理是进行数字资源访问控制的一种必要手段。结构合理、管理有效的用户认证管理系统，能够促进数字资源服务和数字版权管理得到高效、安全、有序保障。根据不同的认证状态，图书馆用户一般可被划分为匿名用户、非实名认证用户、实名认证用户、集团等类型。图书馆应按照分级分类的原则，结合数字资源授权情况，为不同类型的用户分配不同的访问权限。一般而言，实名认证用户包括图书馆物理卡用户和网络实名认证用户，要求用户使用身份证、户口簿等有效身份证件以真实身份进行注册登记。有条件的图书馆可以探索与公安机关的身份证管理系统进行关联，以提高实名身份认证的准确率和认证效率。实名认证用户身份真实可靠，便于进行用户管理和服务跟踪。图书馆应当提倡使用实名认证，让实名认证用户成为本馆的主体用户，并在合理授权约定内为其提供相对广泛的访问权限。匿名用户主要是指不需要任何身份认证信息，即可以"游客"身份进行访问活动的用户。非实名认证用户主要指通过一定的网络注册流程，但未使用真实身份信息进行注册的用户。由于这两类用户真实身份不明确，图书馆用户管理和服务追踪的难度加大，因此，图书馆应根据数字资源的版权状态，为其设置相对有限的访问权限。集团用户和 VIP 用户是图书馆服务的特殊用户群体。集团用户包括企事业单位用户、分馆用户等。由于集团用户的规模可能对权利人（特别是具备采购能力的独立法人用户）、版权的收益带来影响，因此，一般情况下数字资源供应商在进行数字版权授权时，会针对集团用户提出专门的授权政策，图书馆在进行授权谈判、用户管理、访问范围控制等环节的工作时，对此应有全盘的考虑。如果权利人许可，图书馆可以通过建立镜像站点和专用网络的方式为集团用户提供数字资源。同样，为 VIP 用户开放超越一般用户的特殊访问权限也应当得到权利人的许可。

3. 用户访问行为规范

在通过数字资源访问控制技术加强数字资源保护的活动中，图书馆不但可以用认证和权限管理完成访问控制的后台操作，同时可以采取明示政策和内置提示功能，以互动的方式对用户访问行为进行规范。图书馆在著作权法律法规和授权合同约定的框架之下为用户提供数字资源服务，用户的利用行为也必须符合法律和合同的要求。为此，不少图书馆选择通过张贴海报、网络发布等方式向用户明示相关信息，使用户明确知晓其在访问图书馆数字资源过程中的权利和义务。例如，深圳图书馆就在数字资源服务页面公开发布关于数字资源访问权限的规定，使用户在开始使用资源之前就清楚地了解到图书馆的管理办法。此外，也有图书馆将相关的管理信息内置于具体的数字资源中，在用户利用时进行提示，如当用户超出访问范围、超过用户使用流量限制时，系统弹出对话框提示用户。为了防止出现资源过量下载的现象，有的图书馆会采取限制用户在单位时间内下载资源数量的方式。采用这种控制方式时，规定的下载数量应当经过科学合理的测算，并且必须保证用户在开始访问之前能够了解到图书馆的相关规定，以避免引发服务矛盾。图书馆应当合理使用资源，尊重和保护数字资源的版权，同时，也应当采取必要的防范措施，防止出现不当使用行为或侵权行为，并加强用户服务制度建设。发生用户不当使用或侵权行为，图书馆应视情节给予警告、通报、注销用证卡等处罚，将造成严重影响的用户通报相关机构依法处理。

四、数字与网络技术的发展

数字与网络技术的发展极大地推动了国内外数字图书馆的建设与发展，同时也使图书馆面临的著作权问题更加复杂。数字图书馆涉及数字资源建设、数字资源组织、数字资源服务等各项业务与环节，在数字资源建设与服务过程中不可避免地会遇到有关著作权的问题。能否妥善处理著作权问题，直接关系到数字图书馆项目的资源建设规模、服务模式、服务范围等方方面面。数字图书馆获得图书馆图书资料的途径包括两种：一种是获得法律的授权，另一种是获得合同的授权。目前，国内外多个数字图书馆项目在如火如荼地开展，各个数字图书馆都在极力寻求适合于自身发展的著作权解决方案，有的已积累了许多成功的经验，并形成了可被他人借鉴的模式。这些数字图书馆项目解决著作权问题的方式一般有这样几种：或充分开发公有领域资源，或充分利用著作权法中的权利豁免，或与著作权集体管理组织、出版社、作者等签订授权协议。这些都是数字图书馆建设与发展过程中解决版权问题的有益探索与有效途径。此外，图书馆还需要采取各种措施与手段来保障数字资源版权管理工作顺利开展，如应用版权管理技术、制定版权规章制度及设置版权管理岗位等。

第五章　现代图书馆阅读推广服务

第一节　现代图书馆阅读与阅读推广

一、图书馆阅读

阅读可以从他人的经验中获得更加丰富的人生体验并提升心灵境界，是读者获得知识、完善人性的重要途径。

1. 阅读的内涵

阅读即是看书、看报，并理解其中的意思。这个解释说明了阅读的三个要素：一是能看的"人"，这个"人"有基本的视力条件，有识字能力；二是有可看的"物"，这个"物"是由文字或图画等构成的书籍、报刊等；三是有一般理解能力的"人"，也就是要求这个"人"有一定的文字认知能力，有一定的知识积累，还要有一定的思维能力。阅读中的"物"通常叫作"读物"，而其中的"人"通常叫作"读者"。

2. 阅读的意义

（1）阅读是基本的社会活动

一个人的成长过程，就是一个不断学习的过程，人在这个过程中不断地感知和认识社会。这期间，有别人的搀扶、教育，也有自己的模仿、学习。一个孩子学习读图，便开始了他的阅读生涯。通过阅读，孩子逐渐独立认识更加丰富的世界，也不断地适应生活、学会生活，最终独立生活。所以，阅读是一个人成长乃至生存过程中最基本的社会活动之一。

（2）阅读是人最基本的精神需要

"一个人的阅读史，就是他的精神发育史。"阅读的意义不仅是让人获得更多新知，更重要的是让人从前人身上获得前行的方向、战胜困难的勇气、坚定的意志和高尚的德行等精神启迪。因此，阅读需要是人类精神需要的一部分，它既是一种社会需要，又是一种心理需要，是人的内心和谐发展和精神健康成长的有力保障。

(3) 阅读是人最基本的文化权利

阅读是一个人精神生活的延续,是社会道德和精神文明的传承。社会应该为人类提供最基本的阅读条件,创造更加优越的阅读环境,这些是文明社会赋予人的基本文化权利。

(4) 阅读是人最基本的社会义务

阅读可以让个人累积和创新知识,产生自我学习的动力,提升自我发展的能力。每个心智正常的人都应该努力阅读,尽量获得更多的知识和能力,为社会更快更好的发展尽一份力。阅读不仅让个人精神成长,人生成熟,也在为社会的延续和发展传承文化、创造文明。

二、图书馆阅读推广

(一) 阅读推广的概念

阅读推广,指的是在更加广阔的范围内推广阅读。图书馆应采取措施帮助读者养成良好的阅读习惯,激发读者阅读的主动性和积极性,在潜移默化中提高读者的阅读能力,为全民阅读的建设与发展奠定基础。

联合国教科文组织颁布的《公共图书馆宣言》,开宗明义地阐述了这一原理:"社会的繁荣和人的全面发展是人类最根本的价值所在。人类最根本价值的实现,取决于民众民主权利的行使和积极作用的发挥。民众对社会和民主发展的建设性参与,取决于良好的教育和知识、思想、文化、信息的普及与开放程度。"图书馆有义务和责任指导人们掌握科学技术,以科学的方法,在合适的时间、合适的场合读合适的书,这是提高全民科学文化素质的需要,是保障社会信息公平的需要,也是构建和谐社会的需要。

图书馆阅读推广活动的主体是非常明确的,即由图书馆向全社会推广阅读。图书馆借助某些媒介和平台,基于相关的设施和设备,向人们推荐好的、有价值的阅读内容,在阅读推广的实践操作中及时发现问题,分析问题,并提出解决问题的有效措施,确保阅读推广能够在社会中产生良好的反响,激发人们阅读的兴趣和热情,促使人们形成好的阅读习惯,为人们文化素质水平的稳步提升创造有利的环境条件,为社会的健康、和谐发展铺设一条宽阔的道路。

(二)阅读推广的特征

阅读推广是促进公众阅读，提高全民文化素质的重要活动，具有以下主要特征。

1. 文化传承性

阅读推广作为一种文化传播方式，具有强大的文化传承性。它通过各种形式的阅读活动，将优秀的传统文化、现代文化、外来文化传递给广大公众，使人们在阅读中传承历史，传承文化，增强民族认同感和文化自信。

2. 公众参与性

阅读推广活动面向广大公众，具有广泛的公众参与性。它通过各种形式的宣传、推广，吸引公众的积极参与，使更多的人参与到阅读中来，提高公众的阅读兴趣和阅读能力。

3. 社会公益性

阅读推广活动是一项社会公益事业，具有社会公益性。它不以营利为目的，而是以促进全民阅读、提高公众素质为宗旨，为广大公众提供优质的阅读服务。

4. 定位多向性

阅读推广活动的定位是多向的，包括不同的读者群体、不同的阅读内容、不同的推广方式等。它根据不同读者的需求，提供个性化的阅读服务，满足不同群体的阅读需求。

5. 主动介入性

阅读推广活动具有主动介入性。它主动介入公众的阅读生活中，通过各种活动引导公众积极参与阅读，激发公众的阅读兴趣和热情。

6. 成效滞后性

阅读推广活动的效果具有一定的滞后性。它需要经过一段时间的积累和沉淀，才能逐渐显现出效果。这需要我们持之以恒地开展阅读推广活动，不断提高阅读推广的质量和效果。

总的来说，阅读推广活动是一种具有深远影响的文化传播方式，具有文化传承性、公众参与性、社会公益性、定位多向性、主动介入性和成效滞后性等特征。这些特征使得阅读推广活动在促进全民阅读,提高公众素质方面发挥着重要作用。

三、阅读推广与阅读的关系

(一)阅读推广与阅读

阅读是大众学习的一种方式,是通过图书、报刊、网络等媒介获得知识的过程;阅读推广是图书馆等社会机构指导大众阅读和推动社会阅读的行为。从宏观上说,阅读和阅读推广都是大众阅读范畴内的工作;从微观上说,阅读和阅读推广处在国民阅读工作的不同层面。因此,它们之间既有着不可分割的联系,也有着内容和方式上的区别。阅读推广就是推动阅读和扩大阅读,也就是通过阅读推广机构和阅读推广人的努力,让更多的人喜欢读书、善于读书,更有收获、更有成效地读书。

(二)阅读推广与阅读兴趣

阅读推广对阅读兴趣的影响,一般认为是单向度的,必须提升,否则阅读推广活动就是失败的。这是一种片面的认识。阅读推广对阅读兴趣的影响是多向度的。

1. 栽种兴趣

给参加"阅读起跑线活动"的孩子送一个图书礼包;有人在给婴儿看的书上点一滴蜂蜜,让孩子第一次读书的时候感觉书是甜的。这都是为阅读兴趣的萌发种下一粒种子。

2. 满足兴趣

阅读推广不是非要提高读者的阅读兴趣,满足他们的阅读兴趣也是可以的。读者推荐购买什么书,图书馆购买后通知读者,读者兴冲冲地借走,这也是一种阅读推广。

3. 转移兴趣

当读者过度痴迷某一类书,严重影响自己的生活、学习时,图书馆帮助读者转移或合理分配兴趣,这也是一种阅读推广。有的读者痴迷于武侠、言情类型的图书,图书馆可针对他们开展一些阅读推广活动,将他们的阅读兴趣转移到专业学习或者更宽的领域。

4. 归并兴趣

在大数据时代，图书馆有一个重大的职能是找到有相同阅读兴趣的人，为他们提供交流的机会。这些有着相同阅读兴趣的人，通过图书馆就可以在私下组成读书小组、读书会等，相互交流读书感悟。这样也会极大地激发他们的阅读兴趣，使他们加深对书的钻研程度。

5. 装点兴趣

国内外不少图书馆都设有一面高高的书墙，作为一种文化象征，营造浓郁的读书氛围。从阅读推广的角度来看，其作用更多地表现在装点阅读兴趣上，推动读者从心理上接近阅读、接近图书馆。

四、图书馆与阅读推广

(一) 图书馆与阅读推广的关系

在当今时代，阅读的重要性日益凸显。图书馆作为知识的宝库，为读者提供了丰富的阅读资源，同时也在阅读推广中扮演着重要角色。本文将探讨图书馆与阅读推广的关系，以及图书馆在阅读推广中的重要作用。

1. 图书馆：阅读资源的宝库

图书馆是知识的海洋，拥有丰富的图书资源，包括纸质书籍、电子书、有声读物等。这些资源为读者提供了广泛的阅读选择，满足了不同年龄、职业、兴趣爱好读者的需求。此外，图书馆还提供各种学习资料，如学术论文、研究报告等，为读者提供了深入学习和研究的平台。

2. 阅读推广：图书馆的重要使命

阅读推广是图书馆的重要使命之一。通过举办各种活动和项目，图书馆鼓励读者养成阅读习惯，提高阅读兴趣，培养终身学习的意识。图书馆积极推广阅读的原因有很多，其中包括：

(1) 提高个人素质

阅读有助于提高个人素质，拓宽视野，增强思维能力。通过阅读，读者可以丰富知识、提升技能，更好地适应社会的发展。

(2) 促进文化交流

图书馆是文化交流的重要场所，通过举办各种活动和讲座，可以促进文化交流。

(3) 培养终身学习习惯

阅读是一种终身学习的手段。通过阅读，读者可以不断更新知识，适应不断变化的世界。

3. 图书馆在阅读推广中的重要作用

(1) 提供平台

图书馆为读者提供了阅读的平台，使读者能够方便地获取所需的图书资源。此外，图书馆还提供了舒适的阅读环境，使读者安心阅读。

(2) 组织活动

图书馆通过组织各种活动和项目，如读书会、朗诵比赛、讲座等，激发读者的阅读兴趣，培养读者的阅读习惯。这些活动有助于提高读者的阅读能力，提升他们的文化素养。

(3) 推广数字阅读

数字化时代，图书馆应不断加强数字阅读的推广工作。通过建立数字图书馆、提供电子书借阅服务、开展数字阅读讲座等，图书馆为读者提供更加便捷的阅读方式。

(4) 建立社区

图书馆不仅是知识的宝库，也是社区的重要组成部分。通过举办各种社区活动，如亲子阅读、志愿者活动等，能够增强社区的凝聚力，促进社区成员之间的交流与互动。

图书馆与阅读推广的关系密不可分。作为知识的宝库，图书馆为读者提供了丰富的阅读资源，满足了不同层次的需求。同时，图书馆也积极开展阅读推广工作，通过各种活动和项目激发读者的阅读兴趣，培养他们的阅读习惯。

(二) 图书馆在阅读推广中的主要工作内容

阅读推广是图书馆的重要职责之一，它不仅有助于提高公众的阅读意识和阅读能力，还能为社区的文化发展作出积极的贡献。

1. 引导读者形成阅读意愿

图书馆作为文化教育机构，具有引导和培养公众阅读习惯的重要责任。通过定期举办各种形式的阅读推广活动，如读书会、朗诵比赛、讲座等，图书馆能够吸引更多的人走进图书馆，参与各类阅读活动，进而形成阅读意愿。此外，图书馆还可以通过开展各种主题的图书展览、图书推荐和导读服务，帮助读者发现适合自己的好书，激发他们的阅读兴趣。

2. 帮助不善于阅读的人学会阅读

对于一些不善于阅读的人来说，阅读可能是一项具有挑战性的任务。图书馆可以通过提供个性化的阅读指导和培训，帮助他们掌握正确的阅读方法和技巧，提高他们的阅读能力。此外，图书馆还可以提供一些有趣的阅读材料，如绘本、科普读物等，吸引他们的注意力，培养他们的阅读兴趣。

3. 为阅读困难人群提供阅读服务

对于一些阅读困难的人群，如老年人、残障人士等，图书馆可以提供针对性的阅读服务。例如，图书馆可以提供专门的阅读室和适合他们阅读的图书资源，帮助他们克服阅读障碍，提高他们的阅读能力；图书馆还可以提供一对一的阅读指导服务，帮助他们找到适合自己的阅读材料和方法。

4. 帮助高层次阅读人群拓宽阅读视野

对于一些高层次阅读人群，如专业人士、学生等，图书馆可以提供更加丰富和专业的图书资源，帮助他们拓宽阅读视野。图书馆可以通过建立专业书库、电子资源库等方式，为他们提供丰富的文献资源。同时，图书馆还可以通过邀请专业人士开展各类讲座、研讨会等活动，为他们提供一个交流、分享和学习的平台。

为了更好地开展这些工作，图书馆需要与学校、社区和相关机构等合作，共同推动阅读推广活动的开展。例如，图书馆可以与学校合作开展读书活动，为学生提供丰富的图书资源；与社区合作举办各类文化活动，提高社区居民的阅读意识和阅读能力；与相关机构合作开发数字资源库，为读者提供更加便捷的阅读服务。

总之，图书馆在阅读推广中发挥着重要作用。通过引导读者形成阅读意愿、训练不善于阅读的人学会阅读、为阅读困难人群提供阅读服务以及帮助高层次阅读人群拓宽阅读视野等主要工作内容，图书馆不仅能够提高公众的阅读能力，还能促进社区的文化发展。

第二节 现代图书馆阅读推广服务内容

一、图书馆阅读推广服务内容

(一) 阅读推广服务的变革

1. 阅读危机的产生

目前，我国的阅读推广事业面临着诸多问题，如人群分布不规则、城乡图书馆藏书量存在明显差距、人均读书量有所减少以及人均阅读时间持续下降等。不得不说，随着信息时代的到来，海量的多元化信息内容给传统阅读带来了剧烈冲击，使得出现了严重的"危机"，从长远的角度来说，不利于社会阅读的推广和发展。为解决这一"危机"，持续提升人们的文化水平和综合素质，切实发挥图书馆在文化传播等方面的社会职能，图书馆应转变阅读推广服务理念和实践模式，根据当代人的生活习性和阅读习惯，重视电子文献、数字图书馆等的建设与发展，依托移动终端的强大功能不断扩大图书馆服务的覆盖范围。此外，图书馆需要联合起来为人们提供差异化的阅读服务，增进各馆之间的文化、信息交流，形成系统的信息共享平台，引入先进的管理和发展理念，将最新的技术手段应用在图书馆资源共享建设中，丰富图书馆阅读服务的形式和内容，为图书馆的健康发展扫清障碍。

2. 公众阅读意识的提高

随着"全民阅读"的推广和实施，图书馆、博物馆等负责传播公共文化的公益性单位开始了新一轮的工作改革。这些单位会根据人们的阅读需求为其提供丰富的阅读推广服务，这在一定程度上增加了人们的阅读量，促使其形成了强烈的阅读意识，从而自发参与一系列的阅读活动。比如，注重图书馆的馆藏建设与日常运行，为人们的阅读生活创设良好的环境；落实图书馆、家庭和学校三位一体的阅读推广策略，为学生提供更好的阅读服务；结合读者的年龄段和阅读需求为其提供多元化的阅读服务；及时更新图书馆馆藏文献的内容和组织结构，在潜移默化中培养人们良好的阅读习惯，激发其阅读兴趣。此外，图书馆应该根据"互联网+"的发展情况来整合碎片化的阅读信息，利用微信、微博等新媒体平台增进与用户间的交流和互动，不定时向用户推送丰富多元的图书馆阅读服务项目，引导用户自发参与主题和形式非常丰富的图书馆阅读活动，为图书馆阅读推广服务的创新与升级提供新的思路和方向。

3. 阅读推广服务的发展趋势

当今，人们收集和获取信息的方式发生明显变化，阅读方式由以往的纸质阅读、朝着电子阅读和网络阅读的方向过渡。阅读方式的改变，对图书馆的阅读推广提出了新的要求。图书馆应采取网络推广和多媒体合作推广等方式来落实阅读推广工作，只有这样才能顺应时代的发展，才能在阅读推广方面与时俱进。可基于先进的网络技术建设现代化的图书馆线上阅读推广服务平台，吸引用户的注意力，从而进一步提高用户的网上阅读率。在条件允许的情况下，可邀请专家和学者在网络平台上以直播的形式与用户展开交流和互动，基于传统纸质文献与网络技术的深度融合开发"线上+线下"一体化的现代化阅读推广服务，为人们提供多元化的阅读服务，满足其个性化阅读需求，持续提高全民的阅读水平。

(二) 图书馆阅读推广活动的类型

这里以高校图书馆为例，介绍图书馆阅读推广活动的类型。高校图书馆阅读推广活动类型丰富，按照不同的划分标准可以分成不同类型。

1. 按照开展频率划分

按照阅读推广活动的开展频率，分为定期活动、不定期活动、临时活动等。

（1）定期活动

定期活动是指图书馆以周或月为周期定期开展的活动。此类活动有固定的举办时间和活动名称，对大学生养成良好的阅读习惯有深远的意义，比如，每月图书借阅排行榜，可以为大学生提供有价值的图书信息；每周数字资源培训课，可以让大学生学习如何获取利用资源。此外，还有每周好书推荐、每周影视欣赏等。

（2）不定期活动

不定期活动是指为丰富大学生阅读生活而策划的一系列活动。此类活动形式新颖，注重创新，活动主题与图书馆或阅读紧密贴合，对培养大学生阅读兴趣有重要意义，如演讲比赛、征文比赛等。

(3) 临时活动

临时活动是指未经策划临时举办的，但对指导大学生阅读有重要作用的一系列活动，如转发的名人或名校的书目推荐、热门话题的书展与画展等。

2. 按照媒介形式划分

按照阅读推广活动的媒介形式，分为人媒式活动、物媒式活动、纸媒式活动、视媒式活动、数媒式活动、多媒式活动。

(1) 人媒式活动

人媒式活动是以人作为阅读推广活动的传播媒介，如读书沙龙，人媒式推广交流更便捷。

(2) 物媒式活动

物媒式活动是以某种事物作为阅读推广的传播媒介，使阅读更具体。

(3) 纸媒式活动

纸媒式活动是以传统纸媒体，如图书、报刊，作为阅读推广的传播媒介，在各个图书馆阅读推广活动中应用较多。

(4) 视媒式活动

视媒式活动，如现场购荐、书展，是一种看得见的阅读推广形式。

(5) 数媒式活动

数媒式活动，如数字资源培训，是数字化的阅读推广形式。

(6) 多媒式活动

多媒式活动是采用多媒体技术进行阅读推广。

(三) 图书馆阅读推广活动的构成要素

图书馆阅读推广的主要活动要素包括：阅读推广活动的服务对象、阅读推广活动的内容、阅读推广活动的开展时间、阅读推广活动的传播渠道以及阅读推广活动开展的意义，这里还以高校图书馆为例，具体阐述。

1. 图书馆阅读推广活动的服务对象

高校图书馆阅读推广活动的服务对象主要是高校的师生，了解阅读推广服务对象的需求，可以有针对性地开展阅读推广活动。首先，高校师生有较强的自学能力，知识水平、认知水平较高，是信息获取的高端人群。其次，高校师生作为课题的学习、研究人员，需要大量专业知识。因此，阅读推广应为高校师生提供最新、最前沿的信息，帮助他们掌握快速、全面、准确地获取信息的技能。

2. 图书馆阅读推广活动的内容

高校阅读推广活动的内容是阅读推广的核心部分，只有开展适合高校的阅读推广活动，才能真正达到阅读推广的目的。高校阅读推广活动的内容主要分为以下几个部分。

（1）馆藏文献的推广

图书馆拥有大量的馆藏文献，是读者获取信息的优选场所。图书馆以专题书展、专业书展的方式推广馆藏文献；在采购图书时，和书商合作开展"你荐我购"等活动。

（2）数字文献的推广

如今高校师生利用数字资源的比重越来越大，海量的数字资源让师生在获取利用信息时费时又费力，图书馆可与数据库开发商合作开展数字资源培训和丰富有趣的检索大赛，提高师生的信息检索能力。

（3）检索工具的推广

无论是纸质资源还是数字资源，读者都希望图书馆可以指引阅读，使他们获取更新、更有价值的资源。图书馆可开展书目推荐、借阅排行榜、好书排行榜等活动。

（4）阅读理念的推广

无论图书馆多么重视并积极开展阅读推广活动，都不如传播阅读推广的理念、提高阅读在读者心中的地位重要。

3. 图书馆阅读推广活动的开展时间

图书馆阅读推广活动开展时间的选择是相当自由的，只有根据不同时间段开展不同的阅读推广活动，才能达到更好的阅读推广效果。

4. 图书馆阅读推广活动的传播渠道

图书馆阅读推广活动的传播渠道可以扩大阅读推广的影响力，让更多的读者参与其中。高校师生接受新事物快，目前可以采用的传播渠道有两种：一种是传统的传播渠道，也称线下传播，以海报、校广播站、通知为主要方式；另一种是新媒体的传播渠道，也称线上传播，以微博、微信公众号、图书馆主页、高校主页为主要方式。许多图书馆阅读推广活动的前期宣传、开展过程、活动评选等都通过网络平台。前期通过微博、微信等新媒体平台发布图书馆阅读推广活动信息，再以点赞、投票等形式选出参与活动的获奖者，最后在网上展示活动的成果供读者在线交流。网络能及时了解读者需求，拉近了图书馆与读者之间、读者与读者之间的距离。

5.图书馆阅读推广活动开展的意义

（1）培养阅读兴趣

阅读兴趣是一切阅读活动的前提，高校师生只有对阅读产生兴趣，发现阅读中的美，才能从阅读中真正获益。因此，图书馆在举办阅读推广活动中，要从阅读兴趣出发，引领师生走进知识的海洋。

（2）养成阅读习惯

良好的阅读习惯是一种健康的阅读方式。如果没有良好的阅读习惯，长此以往，个人的文化底蕴不会提升，思维见解会变得狭隘空洞。因此，图书馆在举办阅读推广活动中，应长期持久，多宣传阅读习惯的重要性。

（3）指引读者阅读

大部分高校师生知道阅读的重要性，也对书籍有着浓厚的兴趣，但是面对海量的图书，他们不知道如何挑选。图书馆可以根据不同专题进行分类、筛选、排序，为高校师生提供高质量的阅读服务。

（4）形成阅读素养

阅读素养也称信息素养，我们读的不仅仅是书，而且是一种感悟，将书中的信息转化成自己的素养，应用到未来的生活实践中，这不仅是一种获得知识的能力，更是一种利用知识的能力。因此，图书馆在举办阅读推广活动中，应该培养大学生阅读素养的能力，如通过写作、书评、读书沙龙等活动，帮助他们将在阅读中获得的知识潜移默化成个人的素养。

二、图书馆阅读推广服务创新

从本质上讲，阅读推广是一种关乎阅读的管理与服务，是一项具有创新性的社会服务。随着信息时代的到来，信息的生产和传播方式发生了翻天覆地的变化，对全民的阅读行为产生了深刻影响，使得图书馆原有的社会地位有所动摇。为应对这些转变，图书馆应在日常业务开展中融入先进的服务营销理念和推广思路，在实践中寻找适合图书馆建设与发展的服务方式。阅读推广在培养人们良好阅读习惯方面发挥了重要作用，这是阅读服务不断创新和持续探索的必然结果。不过，目前的阅读推广方式很难适应人们的阅读需求，图书馆亟须在阅读推广服务方面推陈出新。

(一) 建立基本的组织结构

图书馆的建设与运行需注重内部组织结构的完善，为读者提供丰富多元的阅读服务，确保读者能够通过阅读来提升自己的文化水平和综合素质。高校图书馆有责任引导学生使用科学的阅读方法，为其安排可接受范围内的阅读任务，鼓励他们相互分享读书的心得和体会，从而为阅读方式的改进和优化提供思路。而公共图书馆需结合本地的发展水平设立阅读推广委员会，密切关注本地居民的阅读体验情况，为其提供有效的阅读辅助，合理利用当地独特的环境资源开发丰富多元的阅读项目，满足人们的个性化和差异化阅读服务需求。图书馆的建设与发展应把阅读推广放在第一位，通过成立阅读推广委员会等部门吸收来自不同行业和领域的专业人员，组建一支高水平高素质的队伍，组织开展一系列的阅读推广活动，在服务形式和内容上进行创新，为本地图书馆的建设与发展提供充足的物质资源。另外，公共图书馆可通过设立阅读推广委员会这一单位来激发人们的阅读兴趣，以此作为提高全民基础阅读素质的有效路径和手段。

(二) 创建基本的服务模式

对于一个独立的人来讲，通常会在年少时对阅读产生需求。我们在小时候接受的教育往往会直接影响今后的阅读习惯和阅读量，这与人的身心发展特点和规律密切相关。图书馆应根据自身情况和读者的需求设立专业的阅读辅导机构，在实践中优化服务模式和内部组织结构，在必要时对读者展开科学有效的心理疏导，让读者养成正确的阅读习惯。图书馆馆员应及时关注读者的阅读情况，深入了解读者的阅读感受，在必要时为其提供专业的指导服务，促使读者对阅读产生浓厚的兴趣，在阅读的过程中获得积极的情感和情绪体验；要围绕以人为本的服务理念为中心，持续优化阅读服务的形式、模式和内容，为读者的全面发展提供有力的帮助。

(三) 创新发展图书漂流角

德国在组织和开展图书漂流活动方面有着丰富的经验，其倡导读者在阅读结束后对书籍进行归类和整理，为他人的阅读提供便利，让书籍资料进入下一轮的漂流。这种做法不仅可以丰富读者的阅读经历，还能增进人与人之间的关系。

社会上的图书漂流往往需要以图书馆作为主要载体和平台，这样才能保证图书漂流可获得充足的环境资源。图书馆应严格依据种类和类型对所有的图书进行分类管理，确保不同类型的图书可以被合理地安排在相对应的图书漂流角，为新一轮的漂流做好准备。图书馆应对现有的内部服务结构和服务手段进行优化设计，只有这样，才能激发读者的阅读兴趣，才能通过开展图书漂流活动促使广大读者积极参与其中，让读者在潜移默化中形成良好的阅读习惯，从而进一步提高阅读能力和文化水平。

(四) 强化基本的推广活动

图书馆需定期在馆内组织开展丰富多元的阅读推广活动，在阅读服务方面尝试创新。一方面，图书馆馆员应具备高水平的综合素质和专业能力，应深刻理解图书推广对于社会文化传播的重要价值和意义，定期组织一系列的图书推广活动，培养读者的阅读意识，为服务项目的内容和形式创新奠定基础；另一方面，图书馆馆员需引导读者自发参与面对面的读者心得和经验交流活动，结合自身的资源和能力邀请一些极具代表性的作者来与读者展开面对面的交流，增强读者内心深处的阅读意识，给读者带来不一样的阅读体验，提升读者的文化素养和阅读能力。

(五) 设立基本的自助机构

凡是喜欢到图书馆读书的读者，他们对自己业余时间的安排往往非常在意，他们会合理利用自己的业余时间到图书馆读书，在潜移默化中获得一定的自主阅读能力。而图书馆则需要设立基本的自助机构，为读者提供专业的阅读服务，密切关注读者的阅读情况，增加与读者互动的次数。同时，为阅读推广提供经费支持，以购买各种类型的书籍和组织活动。由图书馆设立基本的自助机构可以培养读者的自主阅读意识，为读者积极参与各项阅读活动提供辅助。

（六）开展基本的阅读交流

图书馆要关注读者之间的阅读交流，鼓励读者在阅读之余积极参与阅读讨论和互动等活动。图书馆馆员需根据读者的阅读思想和意识优化阅读交流的结构，帮助读者在阅读的过程中提高阅读素质和阅读水平，为读者的个人发展和全面发展创造有利的条件。

第三节 现代图书馆阅读推广服务机制

一、图书馆阅读推广机制概述

（一）图书馆阅读推广机制的含义

图书馆阅读推广机制是指在阅读推广服务中，以促进图书馆图书资料充分高效利用，为读者创建良好的阅读平台为目的，并用一定的运作方式把阅读推广构成要素的各部分联系起来，使它们协调运行并发挥作用的机制。阅读推广机制能够合理调动并利用图书馆内外的各种资源，明确各相关部门的工作任务，调动其工作的积极性，认真策划、筹备、组织和实施相关的阅读活动。阅读推广机制是阅读推广工作制度化、规范化的重要保障，对建立和创新阅读推广品牌活动具有积极的作用。

（二）图书馆阅读推广机制的构成要素

1. 决策保障机制

建立图书馆阅读推广机制，即以计划、行政的手段把各个部分统一起来，做到完善规章制度的制定、经费使用来源的确定、组织间的协调共进、内部人员的合理调配、推广人才的培养与选拔、阅读推广目标任务的确立等。此外，还要做到统筹安排、合理规划，以科学的理论和先进的理念指导阅读推广工作的持续开展，要不断提高阅读推广服务在图书馆业务工作中的地位和独立性。要顺应时代、社会可持续发展的要求，克服当前阅读推广过程中存在的路径依赖，勇于创新，寻求阅读推广新的突破和变革。

2. 沟通互动机制

沟通指的是信息传与受的行为，是发送者通过一定的渠道把信息传递给接受者，以寻求反馈并达到相互理解的过程。沟通互动机制是阅读推广服务重要的组成部分，图书馆建立沟通互动机制旨在了解读者阅读需求，掌握读者阅读特点及阅读心理，寻求读者反馈；及时了解阅读推广活动组织策划中存在的问题与不足，调整工作方案，提高服务的质量和效果，变被动为主动，解决信息不对称问题。

3. 推广阅读机制

推广阅读机制是图书馆阅读推广活动付诸组织、策划和实施的组成部分，包括活动内容、活动特色、活动方式、活动管理、活动品牌等一系列具体行为。推广阅读机制要做到整体规划阅读推广活动的类型、规范与总体目标，以数字网络技术为支撑、以制度为保障、以读者为中心、以服务为本位，传播阅读理念，传递阅读价值，推进阅读推广工作的深入开展。

4. 联合协作机制

阅读推广联合协作机制旨在整合、盘活馆藏、人才、技术，实现上下联动，合作开展阅读推广活动；扩大活动的受众范围，让更多的人参与到活动中来，使阅读推广活动的开展取得更好效果。目前，图书馆阅读推广联盟有校内联盟和区域联盟，校内联盟包括与学校团委、宣传部、学工处、教务处、学生社团等的联盟；区域联盟是以地域为中心建立的图书馆联合协作组织，目的是推动图书馆图书资料的联合共建、共享及地区间图书馆的合作交流，促进地区图书馆事业的发展。图书馆阅读推广活动要取得最佳效果，既需要依靠校内的联盟，又需要依靠区域的联盟。

5. 绩效评估机制

建立绩效评估机制，首先，能够考核阅读推广主体的工作绩效，激发推广人员的积极性，提高服务质量；其次，可通过行为性指标体系的衡量，对活动效果进行有效的评价和追踪，并按照效果指标的反馈情况改进下次活动的方案。阅读推广绩效机制的建立，是阅读推广活动逐渐走向成熟与完善的重要标志。图书馆应运用科学的方法、标准及程序，对行为主体和评定任务有关的绩效信息（成就、业绩和实际作为等）进行收集、观察、组织、提取、整合，并尽可能作出标准评价。

二、图书馆阅读推广机制创新

机制指的是一个完整工作系统的组织或部分产生相互作用的复杂过程。机制具有输入输出、信息传递以及结果反馈等功能，往往被用于约束和限制人的行为，是维持良好秩序或平衡状态的有效方式。

（一）创新阅读推广制度建设

1.推动阅读推广法治化、制度化

（1）政府

政府应为阅读推广工作的有效落实提供法律法规等方面的支持和辅助。只有这样，才能彰显出各级政府对阅读推广的关注和重视，才能为阅读推广活动的组织与开展提供政策支持。

（2）图书馆

图书馆需关注适用于阅读推广活动的制度建设和制度优化，在本馆规章制度中增加阅读推广这一项任务和内容，制定长远的阅读推广发展策略，并在实践中付诸行动。

2.建立阅读推广机构

图书馆需在核心业务体系中增加阅读推广，明确具体的职能和定位，提出清晰明确的工作目标，形成科学的工作思路；建设独立的阅读推广部门，统筹负责阅读推广活动的组织与开展，丰富阅读推广的服务内容和形式，优化内部组织结构，为一系列阅读推广活动的有序实施提供支持与保障，切实发挥阅读推广的作用。

（二）创新阅读推广合作机制

作为图书馆，应对现有的阅读推广机制进行优化与创新，团结社会力量来构建一体化的阅读推广合作机制，为各项阅读推广活动的组织与实施扫清障碍，铺平道路。

1. 图书馆和社会组织

社会组织可基于各项资源的整合和利用来参与推广和落实图书馆的公共服务，这对于提升图书馆的公共服务水平有着积极的作用，能帮助图书馆完善阅读推广工作机制，尽快实现根本的价值追求。

2. 图书馆和家庭

家庭在图书馆阅读推广方面也有着重要作用。一般来说，图书馆需要根据前期的调研情况来设计统一的家庭阅读方案，以为家庭阅读提供专业的指导和咨询服务。

3. 图书馆和学校

图书馆需寻求与学校合作的方式和路径，依托自身掌握的丰富资源来激发家长和学生阅读的主动性和积极性，为家庭提供高水平的阅读指导服务，为在家庭中推广阅读提供新的思路。

4. 图书馆和社区

社区图书馆可以为社区居民提供便捷的阅读服务，这也是其备受居民追捧的重要原因。不过，社区图书馆在建设和管理方面存在着诸多问题，如能力欠缺、阅读环境较差、资源利用率不高等。公共图书馆需注重和当地社区的良好合作，为其提供人力、资源和财力等的支持和帮助，在图书馆和社区之间建立有效的联动和合作机制。

三、新时期图书馆阅读推广机制构建

(一) 健全阅读推广组织机制

组织机构的建立对于图书馆阅读推广工作的开展有着深刻的影响。阅读推广组织机制的构建与运行，是关系图书馆阅读推广工作有序组织与协调开展的重要一环。只有整合现有的各类资源，才能为阅读推广提供科学的指导，才能提高整体的活动效率，才能达到全民阅读的目的。图书馆需联合地方部门有效落实各项阅读推广活动，通过设立相关单位或机构来统筹管理阅读推广活动的组织与开展；深入了解读者的阅读情况，分析读者的阅读偏好和需求，形成差异化的阅读推广规划，为不同年龄段的读者提供专业的阅读指导服务；优化内部组织结构，增加阅读推广活动主体的数量，让更多的读者因此受益。总之，阅读推广组织机制的建立健全是图书馆有效推进和落实阅读推广工作的首要任务。

(二)建立阅读推广长效机制

行为心理学的研究认为，习惯在某种意义上泛指一种行为的重复发生。阅读习惯是读者在反复阅读实践中形成的，是提高读者阅读能力和素质水平的关键。图书馆要想在阅读推广方面有所进展，就应尽快形成规范化的长效工作机制，确保各项阅读推广活动的有序开展。应将阅读推广当成目前的首要任务，提出科学可行的长期规划方案，深度落实图书漂流、微书评等一系列的阅读推广活动，为"书香社会"的建设与发展添砖加瓦。

(三)完善阅读推广合作机制

公共图书馆需顺应时代发展，改革传统的阅读推广模式和方法，与其他图书馆共同建立长效的合作机制，形成新的馆际联盟，联合各方主体共同参与阅读推广活动的组织与开展，持续扩大阅读推广的覆盖范围，提高阅读推广活动的整体影响力。公共图书馆需重视微阅读等新型阅读推广模式的开发和普及，在馆际联盟内部分享各平台发布的信息内容，比如微阅读推荐、微阅读共享、微讲座讨论以及微书评交流等。这种模式除了能够节约阅读推广活动的整体成本外，还可以有效增强最终的活动效果。

(四)建立阅读推广品牌机制

阅读推广能够让更多的人加入阅读的行列中，扩大阅读的影响范围，促进全民阅读这一目标的达成。进入新时代，我们需要通过阅读推广来建设书香社会，进而打造专属化的品牌形象，形成强有力的品牌效应。公共图书馆应明确自身的职能和责任，丰富阅读推广的路径和方法，号召更多的人自发加入阅读推广中，进而高效达到全民阅读这一目的。

(五)加强阅读推广评价机制建设

图书馆需通过建设阅读推广评价机制体系，有效地落实各项阅读推广活动。要深入了解读者对阅读推广的知晓度和参与度，及时做好读者的反馈评价工作，为新时期图书馆阅读推广活动的组织与实施提供重要的理论指导，在实践中对既定的阅读推广活动方案作出优化调整。

四、阅读推广活动机制创新

阅读推广活动的顺利开展，对图书馆提出了新的要求。一方面，图书馆应在服务理念上有所创新，把阅读推广当成目前的首要任务，发挥图书馆在传播社会文化方面的作用和功能，突出阅读推广对于文化传播和发展的战略价值；另一方面，在活动机制上进行创新，既要根据读者的需求来开发各种各样的阅读推广服务平台，也要吸引社会力量在阅读推广中发挥作用。

(一)推广服务平台建设

图书馆在阅读推广中扮演着关键角色，是不可缺少的参与机构，是关系阅读推广活动有序开展的重要载体。图书馆需依托海量的馆藏资源来为阅读推广提供支持与保障，在搭建统一服务平台的同时，丰富阅读推广的各项功能。

(二)建立各种力量共同参与的运作机制

首先，图书馆需注重与各级政府部门、社会机构或其他主体的协调合作。图书馆可通过组织开展一系列的文化大讲堂活动深化阅读推广的社会功能和作用；可邀请专家参与指导和宣传，吸引更多的读者参与，在增加知名度的同时扩大阅读推广的影响力。

其次，定期更新图书种类和内容，为读者提供差异化的阅读服务。这一目的是否可以达到，取决于图书馆馆员的专业能力和职业素养。

最后，吸收专业的策划人员参与图书馆管理工作。当前，大多数图书馆馆员在思想、能力和视野等方面都已经无法适应新时期阅读推广的要求，亟须注入新鲜的血液，吸收专业策划人员参与其中，在控制成本的同时扩大阅读推广的影响力，激发读者阅读的主动性和积极性。同时，应通过建设阅读推广机制来完成招标任务，以得到社会各界在策划和项目安排等方面的支持和辅助，进而增强阅读推广的实施效果。

第四节 现代图书馆阅读推广服务质量的提高

一、阅读推广服务的读者关系管理

读者是构成图书馆推广活动的主要要素，没有读者，推广活动就无法开展。为了给读者提供高质量的服务，确保读者满意，一方面，推广人员必须在服务的设计、开发、传递、实施等质量形成的过程中倾听读者意见，了解读者感受，满足读者需求，力求使读者获得良好阅读体验，提升满意度。另一方面，在信息化时代，井喷式增长的资源为读者提供了丰富而多样的阅读内容，五花八门的阅读平台使读者获取信息的能力增强了，获取信息的方式增多了，但使推广服务的信息度降低了。相较于传统的阅读推广而言，个性化的阅读、朋友分享阅读更能吸引用户的注意力。

（一）读者关系管理的内涵分析

读者关系是指读者与图书馆之间、读者与读者之间在阅读资源传播与接收的过程中，相互的作用、影响与联系。阅读推广的受众群体庞大，读者本身对阅读的需求具有多元性、差异性，且读者之间又存在错综复杂的阅读交互关系，因此，引入读者关系管理思想，清晰认识读者间的动态联系，建立科学、规范、标准的读者关系管理体系，处理好读者之间的结构关联就显得尤为重要。

读者关系管理来源于西方市场营销领域的客户关系管理。它强调"以客户为核心"的战略思想，企业通过对客户相关社会资源的收集、分析和利用，改进营销、服务过程中的管理方式，进而满足客户需求，对客户实现有效的挽留。从理论层面讲，客户关系管理是一种管理思维，注重在经营管理过程中，通过提供比客户预期更好的产品与服务，来提升客户满意度与忠诚度。从实践应用层面讲，客户关系管理是一种信息整合方法，通过对客户信息的有效管理，增强组织与客户之间的关系，满足客户多元化需求，提升服务质量。

鉴于此，可以将读者关系管理的内涵界定为：以满足读者阅读需求、改善读者阅读体验为导向，通过信息技术对读者的信息进行整理，为图书馆提供全面、可靠、完整的读者认知，使读者与推广组织间、读者与读者间在协同与互动的阅读过程中，拓展、维系、深入关联关系，从而促使读者在持续、深入的阅读过程中实现从量变到质变的累积效应，有效地提升个体阅读价值。

开展读者关系管理能为阅读推广活动提供决策与服务支持。首先，开展读者关系管理能有效地了解读者对阅读的认知、态度、技能及其背后所蕴含的心理规律，通过多视角的梳理与分析，准确掌握读者的多元阅读需求及期望以及阅读偏好行为，从而为图书馆在活动前期确定推广目标、推广内容、推广规模、推广途径等提供有针对性的决策依据，使推广资源得到合理的配置与利用。其次，在阅读推广开展的过程中，开展读者关系管理能及时掌握读者在参与阅读过程中的反馈状态，使推广人员能快速找到推广过程中存在的问题与漏洞，评估并判别问题的关键，并根据不同的情况，开展差异化的推广改进与优化，为阅读活动兼顾大规模推广与个性化服务提供有力的支撑，进而有效提升阅读推广的质量与读者的满意度指数，促使阅读推广活动达成效益最大化。

开展读者关系管理能促使读者实现阅读价值的创造与传递。阅读推广的本质是提升读者阅读的价值，推动读者与读者之间开展充分沟通与交流，从而建立和保持广泛密切的阅读联系，并逐步在读者之间建立起多条阅读推广纽带，通过相互间的亲密信任与充分合作，读者彼此开展阅读激励与情感支持，深化阅读价值。此外，读者间深入、持续的交流能构建起自主、高效并有着巨大凝聚力的推广网络，网络中汇集众多阅读信息，将进一步丰富、扩展阅读资源，融合多元情境的阅读方式也能促进读者阅读情感的升华与强化。这将在读者高度认同推广活动的基础上，引领更多读者参与、投入到推广活动中，从而有效延伸了推广组织尚未触及的范围，并传递出更大的推广价值。

(二) 读者关系管理的结构特征

读者关系管理是一个有机的系统，是在读者信息不断整合的过程中，系统中的各要素及其相关关系在特定状况下的表现形式。从结构形态看，读者关系管理可以分为三个维度：读者分析、管理行动与结果评价。这三个维度构成了统一、循环的闭环结构。

1. 读者分析

读者数据的有效收集与分析对推广决策的制定与推广资源的分配有着重要意义。因此，有效的读者关系管理，应首先对读者的阅读信息进行全面、准确的了解，这需要针对每一位读者建立端到端的收集渠道。

得益于互联网对读者在线阅读信息过程的追踪与保存，当前，读者阅读数据已从对传统的读者纸质阅读历史信息收集与汇总延伸开来，触及了更广的范围。在大数据环境下，借助于前端阅读数据的价值挖掘，收集读者的阅读动机、心理特征、行为方式都更为高效、便捷。

阅读数据挖掘与收集完成后，一方面，建立读者数据库系统，以期对推广过程中读者数据信息的索引和查询处理起到支持作用；另一方面，运用数据分析方法将数据之间潜在的关联与特征展现出来，使其成为更具规律、更有价值的读者信息与知识。推广人员应根据分析后的信息，选择适当的细分原则，找到读者集合层次，将众多具有阅读差异性的读者有效区分开，形成侧重不同、偏好不同的细分阅读群组，实行分类化、针对性管理。共同的阅读兴趣与阅读价值是阅读群组的共同标签，这有利于后期筛选并推送内容丰富、目标精细的优质阅读资源，从而高效满足读者的阅读需求，实现差异化的读者管理与精准化的阅读推广，以保证有限推广资源的投入能为读者带来倍增的价值体验，发展并维持与读者的良好关系。

2. 管理行动

读者关系管理应注重行动和实践。进入行动阶段后，图书馆需根据读者的阅读信息来预测接下来的读者需求变化，并模拟出相关的读者体验画面，为读者关系的管理和维持提供技术帮助。读者管理行动的流程和内容涉及四个方面，即识别需求、建立信任、获取联系和推广支持。

(1) 识别需求

基于读者的心理变化与行为特征对其阅读需要进行综合分析，然后提出适合大多数读者的阅读推广方案，了解影响读者阅读内容的关键因素，比如知识获取、情感偏好等。假设读者渴望通过阅读来获得知识，则在设计推广内容时应关注为读者推荐的阅读信息是否可以帮助读者解决现实生活中的具体问题；假设读者是出于情感交流和互动来参与阅读活动，则需要从思考、哲理或感悟等方面出发设计阅读推广的内容，倡导读者积极参与各种各样的阅读反思与互评活动。

(2) 建立信任

信任是关系管理的重心，是增进读者人际关系和维持合作关系的心理动力。只有加深读者对阅读推广组织理念和能力的了解和认识，才能使读者与阅读推广组织之间建立牢固的信任关系，才能体现阅读推广的价值和作用。图书馆应为读者提供了解推广活动意义和功能的不同通道，让读者知晓推广组织的目的和能力，从而在内心深处认可和依赖推广组织，并从中产生强烈的归属感和依赖感。与此同时，鼓励读者经过长期的交往和彼此间的"熟知"，在多次合作的过程中形成"信任关系"。这也有利于读者在阅读选择和开展的过程中，通过同伴的影响，深化个体对阅读的价值认知与情感体验。

(3) 获取联系

读者和图书馆间的信任关系使得二者获取了更加密切的社会关系，并能通过频繁的人际互动来落实阅读推广活动。良好的交流与反馈能够让推广人员实时向读者传输阅读服务信息，激发读者主动参与活动的积极性，统筹管理全部的推广进程，密切关注读者的心理和需求变化，及时发现并帮助读者解决问题。

(4) 推广支持

推广人员在了解读者的需求和心理变化情况后，应为其提供差异化的阅读推广服务，比如，阅读资源的更新和补充，阅读话题的交流和讨论，亲密无间的阅读合作，阅读的专属指导与帮助，阅读效果的评价与反馈等。

3.结果评价

对读者开展阅读结果评价对于建立积极的读者关系而言是极为重要的一环。评价不仅要看与多少位读者建立了联系，更要看联系的密切程度。读者的满意度、忠诚度与读者的保留率成正比，将直接影响图书馆与读者关系的维系。测量读者满意度与忠诚度既是向读者表达"在意其感受"，也能从侧面验证读者关系管理运作的有效性。

测量读者在阅读活动中的满意度及忠诚度，了解读者所感受到的阅读推广服务质量与读者心理预期的差距大小、读者再次参与活动的行为与态度、宣传推荐的意愿等信息，明确影响因素及其权重，结合改进因素的急迫程度与现实的推广状况，从推广质量、服务表现、互动要素等方面持续改进，提升读者满意度与忠诚度，实现读者关系的良性发展。

（三）读者关系管理的实践路径

图书馆应通过读者关系管理增进和读者的交流与互动。随着"互联网+"时代的到来，阅读推广也要加快创新，以此作为落实读者关系管理策略和方案的路径和方式，加快自身的转型和升级。

1. 融入社交媒体，扩大管理途径

图书馆需借助各种社交媒体平台发挥信息传递方面的优势，通过对读者需求的精准分析为其推送服务，与读者建立牢固的交流与互动关系。首先，推广人员需借助各种社交平台向读者精确推送阅读信息，消除信息不对称现象，增加信息的透明度，让读者可以根据自身需求和偏好自主选择心仪的阅读活动。其次，推广人员应根据读者的阅读情况为其提供针对性的指导和交流服务，满足不同读者的差异化需求，为其提供所需的阅读资源，增加其对推广组织的归属感和信任度。最后，推广人员应通过平台来收集和整理读者的建议和意见，及时找出问题，在综合分析问题后提出有效的解决方案，优化读者对阅读推广服务的体验，与读者建立长期的、良好的合作关系。

推广人员需利用社交平台的互动功能加强与不同读者的交流和沟通，让读者在分享、讨论和评论的过程中获得积极的情感和情绪体验，促使读者对阅读推广产生强烈的认同感，并积极参与其中，为读者阅读信息的传输和利用创造有利的条件，进而构建一个覆盖所有读者和阅读推广组织的关系管理网络。同时，推广人员还可以通过读者关系管理发现一些潜在的问题，从而更深入地了解读者的阅读需求和兴趣偏好，为后期阅读服务的推广奠定基础。

2. 建立读者管理系统，优化读者关联关系

图书馆需通过不同方式了解读者的阅读需求与兴趣偏好，为读者关系的管理和维持提供理论指导。

通过建立读者关系数据库深入了解读者的需求，分析读者的心理变化

和行为特征。根据问卷调查和实地访谈的结果收集、整理和归纳读者信息，确保数据的真实性和连续性；密切关注推广服务的实施效果，根据读者阅读行为特征的分析结果预测读者的阅读动态，持续更新和调整读者的动态需求，找出隐藏的问题；及时补充和更新读者的资料信息，提高数据资源的利用效率；借助先进的数字技术和信息技术挖掘读者数据的价值，维护与读者之间的关系，为读者的需求分析提供参考依据，提出科学可行的推广方案。

根据读者的实际需求建立读者分析模型。一方面，将心理学、行为科学等理论和思想引入其中，结合数据的实时分析结果对读者的需求作出预测，绘制读者的需求图谱；了解读者在阅读方面具备的优势，计算读者后期参与阅读的概率，为其制定针对性的推广服务方案，确保读者的真实阅读需求得到充分的满足；让读者自发参与图书馆的阅读活动，与图书馆建立稳定持续的关系。另一方面，通过设计读者流失模型对已经流失读者的阅读特征进行分析，总结读者流失的关键因素，采取有效措施控制读者流失的风险，增加读者黏性，在留住老读者的同时吸引新读者。

3. 构建与核心读者的联盟，开展协同管理服务

读者关系管理属于阅读推广活动的一个重要环节，由于关系的建立与维护贯穿整个推广过程，需要推广人员投入大量的精力，而推广人员往往聚焦于设计适当的阅读资源及开展多样化的服务满足不同读者需求，因此，读者关系管理的过程必须寻求图书馆外部的协助，参与阅读推广的核心读者则是最佳战略推广伙伴人选。

与核心读者建立战略伙伴关系，使核心读者参与关系管理的过程，更有利于激发读者的自信心与能动力。要充分运用其本身的知识与资源，从参与者的角度全面、客观地观察和挖掘读者深度阅读需求，有效地填补推广人员的"视角盲区"。核心读者在读者团体中处于人际关系的中心位置，对其他成员有较为权威的影响力，大多数读者愿意与之保持阅读的同步交流与合作，双方在阅读情感上更容易产生共鸣。这使核心读者能通过自身的行为，表达阅读的需求、愿望、感受与信念，激发他人的积极回应，感染环境中的每个人，形成强有力的情感凝聚力，从而使关系管理的边界得以拓宽，管理服务得以深化，管理策略得以完善。

战略伙伴关系联盟的核心在于建立核心读者与图书馆间的信任与合作。

首先，推广人员可对参与活动的积极读者给予重点关注，在了解他们个性特点与专业特长的基础上，选择具有影响力的读者作为推广伙伴，征询他们参与读者管理的意愿，告知他们建立战略伙伴关系的重要性，表达对他们参与的感激与建立关系的诚挚之心，使建立伙伴关系的读者感受到推广人员的尊重与信任。其次，充分发挥伙伴读者的作用。无论在读者数据收集、读者特征分析，还是阅读资源选择与阅读服务开展的过程中，都要与其紧密合作、协商、相互支持，让核心读者拥有更多的话语权，激发其推广的积极性、创造性与能动性。通过不同的角度与渠道，开展多向传播，宣传阅读信息，分享阅读体验，收集阅读反馈，吸引更多潜在读者，从而通过相互依赖、相互促进的伙伴合作关系，创设开放包容的推广氛围，将阅读价值进行更高效的传递与延伸。

4.提供极致阅读体验，培育读者忠诚度

在推广服务的过程中，积极探索与深入挖掘读者需求，为其带来更多惊喜，使读者在此过程中拥有良好的体验，提升他们的成就感。让读者通过阅读获得更多收获，缩短读者和图书馆之间的距离，提高读者的满意度，增加其黏性，从而与推广服务建立密切的联系。

将读者当作内核，密切关注其需求变化，深度融合虚拟平台和服务，对阅读相关活动进行积极改进，逐步提升读者需求，全面调动其参与的热情与兴趣。首先，在设置推广活动时，要根据读者需求来安排活动内容，合理应用文本、阅读视频以及图片等推广模式，同时，可运用阅读创新、发现、反思、整合、应用以及理解等环节，进一步强化读者阅读极致体验，帮助其获取更多知识，不断提升读者的活跃度。其次，重视读者群体的情感体验，设置有效、合理的阅读意境，吸引读者的注意力，让他们通过良好的阅读氛围，获得深刻理解，尽情放飞想象的翅膀，汲取知识营养。最后，打造有效的阅读意境，让读者深入其中强化阅读想象，充分感知创作者的情感，提升阅读情感；引导他们把自身日常生活和阅读内容有机融合，积极进行反思，并分享阅读体验，在阅读的精神层面促使读者群体进入同频共振的情感境界。

在享受极致服务的过程中，读者不仅能够获得情感价值，还能够增加知识、增长见识。这使得读者可以通过推广服务、价值增值这一过程，将目光聚焦在阅读相关活动上，进而通过各种方式参与推广、重视推广相关活动，由此与图书馆建立稳定、深刻的联系。

通过各种路径维护读者，不断地创造、建立和保持持续性的阅读交流，维系与促进图书馆与读者之间的关系，使图书馆与读者之间的关系强度、广度与深度都发生显著积极的变化。读者在阅读推广活动中的阅读需求与体验通过读者关系管理实现全面的覆盖，便于图书馆针对读者的需求与体验生成读者个体的阅读全景视图，从而减少与消除依靠单一信息反馈而造成的读者阅读信息缺口、阅读信息冲突及阅读信息不对称等问题，实现对读者的有效管理。在持续的互动中，开展深层次、个性化的推广，让读者能顺利地获取所需要的服务，提高阅读满意度。

二、阅读推广服务的推广人员管理

在阅读推广实践中，推广人员的服务知识与能力、态度与情绪都会直接影响读者阅读的满意程度。推广人员是影响推广质量的重要因素之一，他们直接决定着推广的成败。因此，对推广人员开展管理，调动推广人员的积极性，使之高质量、高效率地提供令读者满意的阅读服务，是图书馆阅读推广质量管理工作中不可忽视的重要部分。

随着信息技术与互联网的不断发展与变革，读者的阅读环境、阅读理念、阅读行为都发生了深刻的变化，推广人员必须顺应阅读发展变革的趋势，因势而谋、应势而动、顺势而为地寻求推广服务的变革，使之与变化的读者需求相匹配，不断满足甚至超越读者需求，以提升阅读推广服务质量。但在现实的推广实践中，往往存在这样的困境：推广人员面对着线上线下融合互通的阅读环境，面对读者差异化、个性化的阅读需求，面对包罗万象的阅读平台，或多或少会感到服务的压力。这在推广人员的内心深处表现为对服务工作的焦虑、不安甚至是恐惧，而在行为上则表现为服务的拖延、冷漠、抵触等，在这种情况下，根本不可能提供真正优质的阅读服务，更不利于图书馆推广服务长期、持续发展。

对推广人员开展管理，旨在将推广服务目标与人员个体专业发展相结合，运用适当的策略与方法有效地消除推广人员服务中的不良情绪，激发推广人员的服务积极性，开发其最大的潜能，使其保质保量地完成推广服务，使推广服务实现良性持续发展，同时也使员工在服务中得以持续成长，实现组织与员工共赢的局面。

（一）阅读推广人员应具备的专业素质

就职业特征而言，推广人员是图书馆开展阅读服务的专业人员。这决定了推广人员应具有丰富的推广知识、技能与理念，能按照一定推广标准进行专业推广活动，他们应具有以下专业素质。

1. 正确的推广理念

阅读推广是一项社会服务活动，提倡"以读者为中心"的服务理念，因此，在对待读者时，推广人员必须具备"以人为本、热情奉献"的服务态度。尊重每一位读者，关心每一位读者，公正对待不同读者的阅读差异，不歧视、不讽刺、不挖苦任何读者。在与读者的阅读沟通与交流中，以理解、热忱、爱护、包容、耐心的心态服务读者，从而激发读者的阅读动机，培养读者良好的阅读习惯，促使读者在阅读中实现全面发展。

在阅读推广活动中，推广人员要明确自身的定位。推广人员不应是读者学习的领导者、指挥者、包办者，而应是阅读活动的策划者、阅读内容的组织者、阅读环境的搭建者，是读者阅读过程的管理者、协同者与引导者，是阅读服务的评价者与改进者。在推广活动中真正赋予读者充分的自由，以引导、启发、促进读者深度投入阅读，实现读者全面发展。

推广人员在自我发展过程中，一方面，应该树立正确的发展观，认清时代发展的规律，意识到推广服务不断变化的必然性，不故步自封、不因循守旧，具备终身学习的思维，不断地提升自我，以适应复杂、变化的推广服务环境；另一方面，要强调服务的创新，因为任何优秀的推广模式都不能一劳永逸，应随着不同的读者、不同的环境、不同的目标不断变化。推广人员必须具备创新的服务精神，不断开拓创新，优化服务，确保阅读推广服务质量的稳步提升。

2. 多样地推广知识

推广人员必须具备渊博、多样的推广知识，才能在推广服务时提供令人信服的优质服务。渊博的推广知识包括丰富的学科知识、服务经验与推广技能。

推广服务涉及多学科的资源推广，这些资源包含五洲四海、古今中外的内容。推广人员作为阅读的引导者，必须具备丰富的、多学科的知识积淀，这样才能在推广设计中，建立起全面、系统的阅读图谱，帮助读者从浅层次的涉猎转变为深层次的思考与知识构建，为读者的知识创新打下基础。

推广服务是一项专业化服务，需要用到丰富的专业知识，包括：读者阅读心理知识，推广人员应懂得心理学的相关理论，正确理解读者的阅读心理与状态，因势利导地激发读者的阅读动机，提升读者的阅读效率，使推广服务日益完善、规范；读者阅读行为知识，推广人员应理解读者行为与读者满意度的关系，能在活动的某个时机推动读者进行某项行为，促进读者深层次的阅读；推广策略的知识，推广人员应具有正确解决推广问题的相关理论，能在推广具体实践中，综合各种因素，使服务形成一个有效的整体，发挥最大的推广效应。

推广服务经验也是推广知识的一种，拥有这种经验，能对推广的一些问题具有预见性，能有效地进行前期干预。例如，哪些内容读者容易理解或误解，哪些内容在横向或纵向上具备组织结构关系，哪些阅读内容可以给读者相关的支持引导，哪些阅读知识对读者来说最具阅读价值等。

3.复杂的推广技能

有了推广知识，推广人员还需要通过推广技能创造性地完成既定的推广任务，这些技能包括以下几个方面。

第一，设计能力。阅读推广是系统化的过程，包含多个环节与要素。推广人员必须具备设计的思维与能力，将推广各要素、各环节协调配合起来，开展优化组合，使之相得益彰，发挥"整体大于部分之和"的作用。阅读推广服务中的设计能力包括与读者交互的能力、读者需求挖掘与分析能力、目标制定能力、推广流程的策划能力等。

第二，组织能力。在推广服务中，推广人员需要引导、控制、激励、协调读者的阅读，使服务环环相扣，融入阅读过程，形成规范。服务中的组织能力具体包括协调能力、沟通能力、合作能力、授权能力、冲突处理能力、激励能力等。

第三，评价能力。推广人员的评价能力既包括对整体服务的质量评价、对读者的参与评价，也包括推广人员的自我评价。对整体服务的评价是对整个活动的设计、策划、组织、管理开展评价,评估活动的效果与效率;对读者的参与评价是分析考察读者在参与活动中的行为与体验,评估读者在参与阅读推广活动中获取的价值;自我评价主要表现在推广人员对自身的服务表现开展的自我监督、自我剖析与自我改进。

(二)推广人员专业素养提升的途径

在推广实践中,当推广人员跟不上阅读服务变化的节奏时,将直接影响阅读的服务质量,造成读者的不满。因此,图书馆应该与推广人员共同制订行之有效的个人发展计划,使推广人员在实现自我专业发展的同时,满足图书馆对人员的需求,实现个人与组织的双赢。

推广人员的专业化发展并非一种静止状态,而是一个持续的、不断提升的过程,需要通过多渠道、多方位的努力进行提升。专业素养提升的途径有以下几种。

1. 建立推广人员的职业情感

角色认同是角色扮演和实践的关键,推广人员只有对"阅读推广者"这一角色认可并接受,才可能全身心参与阅读活动。在推广活动开展之初,图书馆管理层应与推广人员就阅读推广的作用进行宣传与沟通,使推广人员正确、全面认识阅读推广对传播知识、弘扬道德的重要意义,深刻理解推广服务对自我专业持续发展的重要作用,从而在情感上认同它、接纳它,产生职业认同感。此外,还要鼓励推广人员参与并融入推广活动,通过各种形式对推广人员履行推广服务的行为进行肯定与褒扬,使其对从事推广活动产生荣誉感与成就感,感受到从事这份职业的光荣与自豪,体会到开展阅读推广活动的快乐与幸福,在内心深处实现自我价值的肯定,随之而产生持久工作动力。

2. 制定科学、合理的推广考核标准

要对推广人员在阅读推广工作中的绩效开展考核,一方面,通过考核使推广人员明确自身推广工作的优劣程度,对比他人的服务状态,查找出自身的不足之处;另一方面,通过考核的激励作用,将推广工作与员工本身的工资、奖金等挂钩,有效地激发推广人员从事阅读推广工作的积极性。

在推广考核标准的制定过程中,首先,要区分推广工作专职与兼职岗位，明确不同岗位的工作目标和职责范围，还要充分考虑工作性质、工作内容、工作模式的差异性，据此制定不同的考核细则。其次，客观公正的考核内容应包括推广工作态度（主动性、合作性、敬业性、创新性）、工作能力（组织能力、协调能力、沟通能力）、工作效率、工作绩效等。指标要尽可能数量化、行为化，要真正体现"多劳多得""优劳优酬"的分配理念，充分调动推广人员主观能动性与创造性。标准还应具有适度性，既要避免过低的工作要求使推广人员形成得过且过的思想，又要避免过高的工作要求使推广人员产生工作焦虑。

3. 重视推广人员的知识与能力发展

随着大众的阅读需求与习惯的不断改变，阅读推广工作也要适应发展的趋势，不断更新推广思维与理念，创新推广模式与方法。因此，推广人员在不断发展变化的推广活动中不可避免地面临知识、技能欠缺等问题。这就需要图书馆管理层充分重视推广人员在从事阅读推广时的能力发展，为他们提供发展性培训与教育活动，帮助他们改善自我，从知识技能这一层面满足"阅读推广者"的角色需求，帮助他们获得职业上的成长与发展。管理者要明确推广人员在推广活动中应具备的知识与技能，参照推广人员个人的情况，梳理出他们在推广工作中的瓶颈，查找出个人欠缺的知识与技能，共同制定改进的目标与期望，有的放矢地寻求提升途径。

鼓励推广人员通过阅读与自学丰富自身文化底蕴与人文素养，完善自身的知识结构，掌握富于时代特点的思想信息和科技信息，拓宽视野，成为学识渊博、实践丰富的阅读引导人；鼓励推广人员通过开展知识检索、参与学术论坛，了解国内外推广服务发展的趋势及研究前沿，引入先进的理念与技术，创新性地开展服务探索。

促进推广人员自我反思。推广人员在每一次推广活动结束后，要自觉回顾推广的过程细节，思考、审视自身在服务时的状态、行为、人际关系、个人成长等方面是否存在不足，通过自我剖析、自我批判，总结、弥补存在的不足，从而实现自我的不断完善。推广人员的反思必须具有正确的方法。首先，可以通过整理推广活动进行反思，将发生的事件作为中介载体，对事件进行解释与批判，以寻找更加完善的思路与方案。其次，可以与其他参与服务的同事开展对话反思，了解别人对自己工作的看法与意见，从而从不同的角度感受自己的服务，判断个人的服务价值。

当某一知识或技能的欠缺属于个别人员的特征时，可以考虑安排其参加相应的培训与进修，或鼓励其通过网络公开课（如MOOC）获取相应的网络课程，就个人所需知识开展高效、持续的培训；当整个推广团队都欠缺某一知识或技能时，可以安排专家进行团体性讲座、授课。与此同时，还可以组织推广人员开展互学，在工作中通过沟通交流、互学互助，使知识得以更新与补充，技能得以拓展与提高。

4. 创建高绩效的推广团队

阅读推广活动涉及方方面面的内容，这就注定推广活动绝不可能是推广人员自身单一个体的行为，它需要一个强大的团队来作为支撑，需要团队成员共同协作努力，达成推广使命。首先，要制定符合团队发展要求的推广目标，并准确、清晰地告知推广团队中的每一位成员，以期团队中的成员统一思想、达成共识，建立起共同的推广愿景，让团队更具使命感、目标感。其次，要明确每个成员在项目团队中的角色与职责，确保各司其职、各尽其责，保障推广工作的顺利进行。在甄选团队成员时，管理者除了要考虑个人的教育背景、工作经验外，还需考虑其兴趣爱好、个性特征以及年龄、性别的搭配，确保推广团队成员优势互补、人尽其才。最后，每个成员工作方式不同，性格迥异，加之推广工作的复杂性、多样性，有可能造成合作的矛盾与关系的冲突。因此，管理层需要帮助团队营造诚挚沟通、相互信任、相互依赖的工作氛围，建立相互支持、相互理解的工作环境，提供解决问题与矛盾的方法，并不断完善工作分工和决策机制，鼓励团队中的成员共同解决问题，共同决策。

第六章　现代图书馆阅读推广活动

第一节　现代图书馆经典阅读及其推广

一、经典阅读推广概述

(一) 经典与经典阅读

1. 经典

记录了人类发展史，能够充分影响人类文明变迁的，经过漫长的时间依旧十分珍贵的篇章和作品，就是经典。这些经典的感染力与影响力至关重要，充分体现了人类在发展与演变过程中取得的辉煌成就，展示了文化的发展历程。不仅如此，经典作品还有重要的艺术价值，蕴含着深厚的人生哲理，彰显了一个民族的美学精神，其原创性非常显著。经典文学作品的体裁比较多，如戏剧、小说、诗歌与寓言以及散文等。

2. 经典阅读

阅读是个性化的、独自展开的，在文字符号的指引下，让读者产生愉悦感，并进行想象与再创造的一种活动。读者在阅读时，要选择那些有代表性的经典作品进行阅读。因为不管读者阅读的经典书籍是什么类型的、什么领域的，通常这些书籍都是劳动人民智慧的结晶，并且能在岁月与时间的洗礼下焕发出光彩夺目的美。

经典阅读，不仅是动态建构的过程，也是进行积极抉择的过程。无论是建构，还是抉择，都是通过平等的交流与互动实现的。借助阅读经典作品，读者深入感知作者的情感与观念，认真审视自己的人生历程，向人生本质靠近，通过阅读经典作品找到真正的自我。

(二) 经典阅读的三重境界

1. 开卷有益

开卷有益是阅读经典作品的第一重境界。从字面意思来看,开卷有益指的是要读一些有价值、有意义的作品,这样可以获得更多知识。这是人类发展、获得智慧的主要途径之一。

2. 雕精达博

雕精达博是品析经典作品的第二重境界。如果没有博览群书,就无法奠定坚实根基,人的眼界就会变得狭隘,很难实现长远目标。倘若读者在阅读这些作品的过程中,没有进行深入、系统的探究与分析,只重视一时的愉悦感,那么,其思想与认知就达不到应有的高度,获得的知识也可能只是碎片化的内容,无法发挥重要作用。

3. 融会贯通

融会贯通是欣赏与阅读经典作品的第三重境界。大家可以通过如下方面来理解:第一,对多个领域的知识内容进行融会贯通,即所谓的圆融通透;第二,重视知行合一,将社会实践和理论知识进行全面融合。阅读这些作品的过程,就是磨炼心性进而对自身言行进行积极调整的过程,从而不断提升自己的各方面素质。

(三) 经典阅读的三种方法

1. 探源法

流传下来的每一部优秀作品,都有其独特的魅力与显著的优势。这些经典著作不仅记载了古人的真知灼见,还会对后来者产生深刻影响。通读这些作品之后,可能当时无法理解其中的深意,这时,可以多看一些注释和相关资料,查看此类作品留有谁的印记。

2. 选择法

当阅读的内容比较复杂时,人们很难面面俱到、细致地阅读每一个段落,此时,阅读要有侧重点,要有选择性。应根据自己的专业、兴趣与特长等进行选择,这样不仅可以激发阅读积极性,还有利于积累更多知识、开阔视野。

3.联想法

中华民族的传统文化蕴含了许多形象思维，不论是表达思想感情，还是分析历史，都非常依赖形象的表述。在阅读经典作品时，需尽情联想与想象，追随作者的脚步去积极思考。读者通过接触经典作品，进入作者创造的意境，与作者展开对话，接受心灵的洗礼。

(四) 经典阅读推广

与其他阅读推广相比，经典阅读推广的经典性更显著。

1.经典阅读是一种体验性阅读，阅读推广要注重读者的主动性

经典的文本大都是一个特定的体验世界，读者阅读经典的过程，就是感受、体验的过程，感受经典文本的形象世界，体验经典文本的情感世界，领悟经典文本的意义世界。

图书馆的专业性和权威性是图书馆经典阅读推广的重要优势，但是，图书馆对自身这种专业性和权威性的过分强调和滥用，也常常成为影响读者体验性经典阅读的重要原因。有的图书馆在经典阅读导读中将经典典籍拆成一字、一句，学校授课式的单调逐一讲解，短短一篇词文要讲上整整两个小时，严重影响了读者的阅读兴趣，也限制了读者对经典的整体性体验；有的图书馆馆员或专家学者在回答读者关于经典的问题时，常常照本宣科或是一味坚持自己的观点，不能接受读者的质疑或是其他理解和解读，影响了读者阅读的积极性和主动性。因此，图书馆在经典阅读推广中应更加重视读者的主观能动性，引导读者自己阅读和理解经典，面对读者对经典的理解和体验，要坚持兼容并包的原则。

2.经典阅读是一种对话性阅读，阅读推广要注重读者的个性化

读者阅读经典可以看作是读者与经典的对话，这种对话是读者与作者之间超越时空、超越现实的对话，是思想与思想的对话、心灵与心灵的对话，甚至是生命与生命的对话。对不同的读者，每一场对话都是不同的，甚至对于同一个读者，每一次对话也都是不同的。因此，图书馆在进行经典阅读推广时，要重视和了解读者的个性化特点和需求，帮助不同的读者从自身出发阅读和理解经典，运用经典答疑解惑。

3.经典阅读是一种陶冶性阅读，推广经典阅读要营造良好环境

推广经典阅读不仅仅是为了让读者从书本中获取更多的知识，更重要的是让读者通过阅读经典，陶冶情操、净化灵魂、升华人格。而这种陶冶性的阅读，更要求图书馆为读者的阅读经典活动提供幽雅、平和、从容、安静、美好的阅读环境和阅读氛围。孟母三迁是为了给自己的孩子提供一个良好的学习、诵读环境，图书馆也可以尝试设置专门的经典阅览室，为读者提供一个理想的经典阅读环境。

二、图书馆经典阅读推广创新

(一)微信与图书馆经典阅读推广

1.利用微信进行图书馆经典阅读推广的优势

信息时代，科技的快速发展为各行各业带来了无限可能。图书馆作为传承文化和知识的重要场所，也需要与时俱进，利用现代科技手段进行阅读推广。微信凭借其独特的优势，成了图书馆经典阅读推广的重要工具。

微信这一即时通信工具的兴起，恰好符合现代读者的需求。它不仅仅是一个简单的聊天工具，更是一个集社交、资讯、服务于一体的综合性平台。读者可以通过微信随时随地获取信息，与他人交流分享，这完全符合了现代人快节奏、碎片化的生活方式。因此，利用微信进行图书馆经典阅读推广，能够更好地满足读者的需求，让阅读变得更加便捷、高效。

微信拥有庞大的用户群体，这一点对于图书馆的阅读推广来说，无疑是一个巨大的优势。据统计，微信的月活跃用户数量已超过十亿，几乎覆盖各个年龄段和职业群体。这意味着通过微信推广图书馆的经典阅读，能够迅速扩大影响力，吸引更多的读者关注和参与。无论是学生、上班族，还是老年人，都可以在微信上找到适合自己的阅读内容，享受到阅读的乐趣。

微信的传播特性也是其成为阅读推广利器的重要原因。微信的信息传播具有即时性和精准性。图书馆可以通过微信公众号、朋友圈分享等方式，将经典阅读的内容迅速传达给读者。同时，通过数据分析，图书馆还可以精准地推送符合读者兴趣和需求的阅读内容，提高推广效果。这种个性化的推广方式，不仅能够满足读者的个性化需求，还能够增强读者对图书馆的认同

感和归属感。

综上所述，利用微信进行图书馆经典阅读推广具有诸多优势。它符合读者的需求，符合时代发展的潮流；拥有庞大的用户群体，有利于扩大影响力；传播即时、精准，能够增强推广效果。因此，图书馆应该充分利用微信这一平台，创新阅读推广方式，让更多的人爱上阅读，感受阅读的魅力。

2. 微信经典阅读推广实践

经典文学作品数量很多，而怎样选择有价值的、符合自己认知的书籍，怎样阅读这些作品，是读者需要思考的问题。图书馆可以借助微信及时选择一部分书籍推送给受众群体，或者设置好书排行榜，指导读者选择书籍，创建温馨、和谐的阅读环境。此外，在经典阅读推广中，经典导读也非常重要，图书馆可以借助微信开展经典导读活动，鼓励读者正确阅读好书，还需围绕读者的兴趣与需求，定期向他们推荐一些经典书目。

经典导读等活动，既有利于读者选择适宜的著作，还能够让其高效、正确阅读这些作品，这对其爱上经典阅读、深入阅读好书，有着深远的影响。

(二) 微书评与图书馆经典阅读推广

1. 微书评

微书评即微博书评，其内容大约为140字，属于新的书评文体。微表达和微语言是该文体的核心，微书评是文字精髓。对一部分经典作品进行探讨与研究，发掘其内涵与阅读价值，是微书评的主要作用。借助微博，任何人都可以发表自己的观点，写出自己对作品的看法，感受微书评创造的良好氛围和阅读带来的快乐。

2. 阅读推广实践

(1) 举办各种微书评大赛，增强图书馆经典阅读推广服务的魅力

为了让更多的人加入微书评创作中，深入了解这一文体，调动其阅读经典作品的兴趣与热情，同时增强该文体的感染力，图书馆可以组织一系列活动，如微书评比赛和征文等，激发人们读书的积极性与主动性，增强经典阅读推广的效果，引导更多热爱读书的人加入微书评经典推广活动。

(2) 加强经典阅读推广服务团队建设，促进经典阅读推广服务的发展

要加强经典阅读推广服务团队建设，努力打造一支能力突出、素质优

良的人才团队，让他们发挥聪明才智，积极开展经典阅读推广服务，为微书评经典阅读推广奠定良好的基础。

(3) 充分利用社交平台与读者交流，促进经典阅读推广服务的创新

图书馆可以借助微信、微博等平台和读者深入互动，以了解他们对经典阅读的看法。图书馆可以建立公众号和书评群等，依照各受众群体的阅读特征，向目标群体推送有价值的经典书籍，围绕作品内涵和读书体会等，与读者进行交流，让更多读者加入微信交流活动中。同时，可以邀请一些学者参与相关阅读活动。

(4) 构建经典图书微书评数据库，实现经典阅读资源共享

图书馆可以建立微书评数据库，为微书评经典阅读推广合作创造有利契机。图书馆的资源有限，可以借助这种方式共享信息与资源，促进经典阅读有序、稳步展开；也可以创建馆际经典图书微书评联盟，共享优秀资源，科学引导人们阅读经典文学作品。

(三) 立体阅读与图书馆经典阅读推广

1. 立体阅读

立体阅读是指多方面、多角度、多层次理解书面材料的阅读方法。这种阅读方法具有创造性阅读的特点，对于思维方式的要求倾向于多维、立体、系统，它所产生的影响不仅是知识的更新，更多的是带来思维方式的变革。随着内涵的不断丰富，立体阅读作为一种阅读推广方式的特性渐显端倪。立体阅读就是整合广播、电视、网络等媒体的优势，形成对信息综合处理的最佳方式，构建更个性化、更快捷、更有效、更准确、更具有权威性的交流信息、情感、思想的媒介系统。

2. 阅读推广实践

(1) 创新机制，整合资源形成合力

立体阅读使阅读推广活动具有高强度的特点，但只依赖图书馆来展开活动是不现实的，因此，要充分发挥创新工作机制的功能。只有全面优化各方面资源，才能构建阅读合力。图书馆可以创建政府引导、媒体助力、企业运行、社会广泛参与的合作机制，鼓励相关社会组织和个人参与阅读相关活动。可邀请经验丰富的专家和学者组建活动小组，制订活动的规划，策划经

典书目推荐，为经典阅读推广的健康运作夯筑基石，并凝聚社会力量合理规划、实施形式多样的主题活动。同时，还应发挥各类媒体的优势，广泛宣传阅读的重要性，为读者营造宽松、和谐、友好的阅读氛围。

(2) 创新阅读，丰富载体形成效应

要提升人们的经典阅读能力，只依赖书目推荐是远远不够的，还需重视书目的梯度。第一，合理挑选优秀文学作品，关注作品内容和社会等层面的联系；第二，在重视传统与经典的同时，创建真实、有效的生活情境。图书馆可以通过各层面力量，借助各类载体，充分创建共享式阅读情况，逐步拓展阅读推广的辐射范围；对阅读进行不断改进，促进虚拟阅读与实体阅读统一、向好发展，显著增强阅读创新力；塑造高端化和个性化阅读，充分增强阅读价值引导力。

(3) 创新平台，形成品牌传承经典

在推广经典阅读活动的过程中，可以创建专门的交流平台。在制定活动规划、贯彻落实工作完成后，发挥平台的交流作用，了解读者的观点、体验与建议等，从而为经典阅读构建良好、有效的咨询互动平台。此外，在实践操作过程中，不断提升相关人员的品牌意识，增强经典阅读活动的合理性与创新性，逐步强化此类活动的辐射力，显著增强活动的感染力与影响力。同时，加大创建品牌的力度，如灵活使用电视直播和相关刊物等载体，开发品牌。

第二节　现代图书馆数字阅读及其推广

随着科技的进步和信息化的深入发展，数字阅读已成为人们获取信息、学习知识和娱乐休闲的重要方式。作为公共文化服务的重要组成部分，现代图书馆在推动数字阅读及其推广方面发挥着不可替代的作用。本节将探讨现代图书馆数字阅读的特点、优势，以及推广现代图书馆数字阅读的原则和途径。

一、图书馆数字阅读概述

随着科技的飞速发展和信息时代的到来，图书馆作为知识的宝库，其功能与形态也在不断更新与演变。其中，数字阅读作为一种新兴的阅读方式,已经在图书馆服务中占据了重要地位。那么,什么是图书馆数字阅读呢?

图书馆数字阅读,简言之,就是利用数字技术进行的阅读活动,它主要包括以下几个方面。

(一)数字化资源

图书馆数字阅读的基础是丰富的数字化资源。这些资源包括电子书、电子期刊、数字报纸、学位论文、会议论文、专利文献等。它们通常以PDF、EPUB、MOBI等格式存储在图书馆的服务器上,读者可以通过网络访问这些资源。

(二)数字化设备

除了数字化资源,读者还需要相应的数字化设备来进行阅读。这些设备包括电脑、平板电脑、智能手机等。通过这些设备,读者可以随时随地访问图书馆的数字资源,实现真正的移动阅读。

(三)数字化服务

图书馆提供的数字化服务也是数字阅读的重要组成部分。这些服务包括在线检索、在线预订、在线阅读、在线下载等。通过这些服务,读者可以更加便捷地获取和使用数字资源。

(四)数字化环境

图书馆数字阅读还涉及数字化环境,包括图书馆提供的网络环境、阅读软件、读者界面等。一个良好的数字化环境可以为读者提供更加舒适、便捷的阅读体验。

综上所述,图书馆数字阅读是一种基于数字技术,利用数字化资源、数字化设备、数字化服务和数字化环境进行的阅读活动。它不仅可以为读者提供更加便捷、高效的阅读方式,还可以帮助图书馆实现资源共享、知识传播和文化传承的目标。随着科技的不断发展,图书馆数字阅读将会在未来发挥更加重要的作用。

二、现代图书馆数字阅读的特点

随着科技的进步,数字阅读已经成为现代图书馆的重要组成部分。与传统的纸质阅读相比,数字阅读以其独特的优势,为读者带来了全新的阅读体验。下面将从便捷性、丰富性、个性化、互动性四个方面,探讨现代图书馆数字阅读的特点。

(一)便捷性

首先,数字阅读打破了时间和空间的限制。读者不再需要亲自前往图书馆,只需通过网络连接,便可随时随地访问数字图书馆,享受阅读的乐趣。此外,数字阅读设备如智能手机、平板电脑等便携性强,方便读者随身携带,随时阅读。

其次,数字阅读提供了丰富的检索和筛选功能。读者可以根据自己的兴趣和需求,通过关键词搜索,快速找到相关书籍和资料。同时,数字图书馆还提供了个性化推荐服务,可根据读者的阅读习惯和兴趣,推荐合适的书籍,提高阅读效率。

最后,数字阅读还具有灵活的分享和协作功能。读者可以将自己喜欢的书籍、章节或段落分享给朋友或同事,共同探讨、学习。此外,数字阅读还支持多人在线协作,方便团队成员共同编辑、整理文献资料。

(二)丰富性

首先,数字阅读拥有海量的图书资源,涵盖了各个领域的书籍和资料。读者可以根据自己的需求,轻松找到所需的书籍,满足不同的阅读需求。

其次,数字阅读提供了多样化的阅读形式。除了传统的文字阅读外,数字图书馆还提供有声读物、电子书、视频等多种形式。这些形式不仅丰富了阅读体验,还使得阅读更加生动有趣。

再次,数字阅读还支持多语言、多文化的内容。读者可以通过数字图书馆,了解到不同国家和地区的文化、历史和知识。这种跨文化的阅读体验,有助于拓宽读者的视野,增进对不同文化的理解和尊重。

最后,数字阅读还提供了丰富的互动功能。读者可以通过评论、点赞、分享等方式，与其他读者进行交流和互动。这种互动不仅增加了阅读的趣味性，还有助于激发读者的思考和创造力。

(三) 个性化

在传统的图书馆中，读者需要在书架上寻找他们想要阅读的书籍，这一过程可能会受到时间、空间以及图书馆藏书量的限制。然而，在现代图书馆的数字阅读中，读者可以通过搜索引擎、推荐系统、标签分类等多种方式快速找到他们感兴趣的书籍。

此外，数字阅读还允许读者根据自己的阅读习惯和需求定制阅读体验。例如，读者可以调整字体大小、背景颜色、亮度等，以减轻阅读疲劳。同时，他们还可以选择阅读模式，如连续滚动、分页显示等。

(四) 互动性

在传统的图书馆中，读者与书籍的互动主要局限于阅读和理解。然而，在数字阅读环境中，读者可以通过评论、点赞、分享等方式与其他读者或作者进行互动。这种互动不仅可以增进读者对书籍的理解，还可以帮助他们发现新的阅读兴趣和观点。

此外，现代图书馆的数字阅读平台通常还有在线讨论区、讲座、研讨会等互动功能，为读者提供了更多与作者、其他读者以及专业人士交流和学习的机会。这种互动性不仅可以提高读者的阅读兴趣和动力，还可以促进知识的传播和创新。

三、现代图书馆数字阅读的优势

随着科技的飞速发展，数字阅读已经逐渐渗透到我们的日常生活中，特别是在图书馆这一知识海洋中，数字阅读的优势越发明显。以下将从节约资源、提高效率、扩大影响力三个方面，探讨现代图书馆数字阅读的优势。

(一) 节约资源

传统的图书馆需要大量的物理空间来存放图书，这不仅占用了宝贵的土地资源，而且还需要投入大量的人力、物力进行维护和管理。相比之下，数字阅读则可以通过电子化的方式，将大量的文献资源存储在云端，实现了空间的极大节约。此外，数字阅读还可以减少纸张的使用，有利于保护环境。

(二) 提高效率

数字阅读不仅为读者提供了更加便捷的阅读方式，还大大提高了图书馆的工作效率。传统的图书馆需要花费大量的人力和时间进行图书的分类、编目、借阅等工作，而数字阅读则可以通过自动化、智能化的技术手段，快速完成这些工作。此外，数字阅读还可以让读者随时随地获取所需信息，不再受时间和地域的限制，大大提高了阅读的效率。

(三) 扩大影响力

数字阅读的出现，让图书馆的影响力得到了极大的拓展。传统的图书馆往往局限于某一地区或某一群体，而数字阅读则可以通过互联网将图书馆的资源和服务传递给更广泛的人群。这不仅可以让更多的人享受到阅读的乐趣，还可以推动知识的传播和普及，提高整个社会的文化素养。

综上所述，现代图书馆数字阅读在节约资源、提高效率、扩大影响力等方面具有显著优势。随着科技的不断进步，我们有理由相信，数字阅读将在未来的图书馆发展中发挥更加重要的作用，为读者带来更加便捷、高效、丰富的阅读体验。

四、推广现代图书馆数字阅读的原则

随着信息技术的迅猛发展，数字阅读已成为人们获取知识的重要方式。作为公共文化服务的重要组成部分，现代图书馆在推广数字阅读方面扮演着举足轻重的角色。探讨现代图书馆在推广数字阅读时应遵循的几项基本原则，可以更好地满足读者的阅读需求，推动全民阅读的发展。

(一) 用户导向原则

现代图书馆在推广数字阅读时，应以读者为中心，充分了解读者的阅读需求和阅读习惯，提供符合他们需求的数字化资源和服务。图书馆应通过问卷调查、读者座谈会等方式，收集读者的反馈意见，不断优化数字阅读产品和服务，提高读者的阅读满意度。

(二) 多元化原则

图书馆在推广数字阅读时，应注重资源的多元化和差异化，满足不同年龄、职业、兴趣爱好的读者的需求。图书馆应积极引进各类数字化资源，包括电子书、电子期刊、数据库、多媒体资源等，同时，还应关注特殊群体的阅读需求，如视障人士、儿童等，提供相应的无障碍阅读服务和儿童数字阅读资源。

(三) 公平性原则

图书馆作为公共文化服务机构，应致力于消除数字鸿沟，保障所有读者平等获取数字阅读资源的权利。图书馆应免费向公众开放数字阅读资源和服务，为弱势群体提供必要的帮助和支持，确保他们能够享受到数字阅读的便利和乐趣。

(四) 合作共享原则

图书馆在推广数字阅读时，应加强与其他机构的合作，实现资源共享和互利共赢。通过合作，图书馆可以扩大数字阅读资源的覆盖范围，提高资源的利用率和影响力。同时，图书馆还应积极参与国际交流与合作，引进国外先进的数字阅读技术和经验，推动数字阅读的国际化发展。

(五) 安全性原则

在推广数字阅读的过程中，图书馆应高度重视信息安全和知识产权保护工作，应建立完善的数字资源管理制度和技术防范措施，确保数字资源的安全存储和传输；同时还应加强对读者的教育和引导，提高他们的信息安全意识和知识产权保护意识，共同维护良好的数字阅读环境。

(六) 创新性原则

图书馆在推广数字阅读时，应积极探索新的技术和方法，推动数字阅读服务的创新和发展。图书馆可以利用大数据、人工智能等先进技术，对读者的阅读行为进行分析和预测，提供个性化的阅读推荐服务。同时，图书馆还可以开展丰富多彩的数字阅读活动，如线上讲座、互动阅读、虚拟现实体验等，吸引更多读者参与数字阅读。

总之，现代图书馆在推广数字阅读时应遵循读者导向、多元化、公平性、合作共享、安全性和创新性等原则。通过遵循这些原则，图书馆可以更好地满足读者的阅读需求，推动数字阅读的发展，为构建全民阅读的社会环境作出积极贡献。

五、推广现代图书馆数字阅读的途径

随着科技的飞速发展，数字阅读已成为人们获取信息、学习新知识的重要方式。现代图书馆肩负着推广数字阅读、引导公众养成良好阅读习惯的重任。现代图书馆数字阅读推广的途径如下。

(一) 加强基础设施建设

1. 提升网络设施

图书馆应完善无线网络覆盖，确保读者在馆内任何地方都能轻松接入网络，享受数字阅读服务。同时，提高网络速度，保证读者在阅读过程中不会出现卡顿、延迟等问题。

2. 增设数字阅读设备

图书馆应购置足够数量的电子阅读器、平板电脑等设备，供读者免费使用。此外，还可设置数字阅读专区，提供舒适的阅读环境，吸引更多读者尝试数字阅读。

3. 完善数字化服务系统

图书馆应建立完善的数字化服务系统，包括数字资源检索、在线借阅、电子图书下载等功能。通过简化操作流程，降低使用门槛，让读者能够轻松享受数字阅读带来的便利。

(二) 优化数字阅读资源

1. 丰富数字资源种类

图书馆应广泛收集各类数字资源,包括电子书、期刊、论文、多媒体资料等。同时,关注不同读者的阅读需求,提供多样化的阅读内容,满足不同年龄、职业、兴趣爱好的读者群体。

2. 提高资源质量

在丰富数字资源的同时,图书馆还应注重资源的质量。对数字资源进行严格筛选,确保内容的准确性、权威性和时效性。同时,建立资源评价机制,根据读者反馈不断优化资源结构,提高资源质量。

3. 加强资源更新与维护

图书馆应定期更新数字资源,确保资源的时效性和新鲜度。同时,加强资源的维护和管理,确保资源的稳定性和安全性。对于损坏或丢失的资源,应及时进行修复或补充,保证读者的阅读体验。

4. 提供个性化推荐服务

利用大数据和人工智能技术,图书馆可以对读者的阅读习惯和兴趣进行分析,为他们提供个性化的阅读推荐。这不仅可以提高读者的阅读满意度,也有助于他们发现更多感兴趣的内容。

5. 加强与出版机构的合作

图书馆应与各类出版机构建立紧密的合作关系,共同推动数字阅读资源的建设与发展。通过与出版机构合作,图书馆可以获得更多优质的数字资源,为读者提供更加丰富的阅读选择。

总之,现代图书馆在推广数字阅读过程中,既要加强基础设施建设,提高网络设施、数字阅读设备和数字化服务系统的水平;又要优化数字阅读资源,丰富资源种类,提高资源质量,加强资源更新与维护,并提供个性化推荐服务。通过这些措施的实施,现代图书馆将能够更好地满足读者的阅读需求,推动数字阅读的普及与发展。

(三) 开展培训与宣传

1. 培训活动

图书馆可以组织数字阅读培训活动，邀请专家或资深读者分享数字阅读技巧、推荐优质数字资源以及教授如何使用图书馆的数字平台。这样的培训可以帮助读者更快地适应数字阅读，提高阅读效率。

2. 宣传活动

图书馆可以利用线上线下多种渠道进行数字阅读宣传。例如，在图书馆网站、社交媒体平台发布数字阅读相关资讯，设置数字阅读专区，展示优秀数字作品等。此外，图书馆还可以举办数字阅读节、读书分享会等活动，吸引更多读者参与数字阅读。

(四) 与其他机构合作

1. 与学校合作

图书馆可以与学校合作，将数字阅读纳入课程体系，为学生提供丰富的阅读资源。此外，图书馆还可以为学校提供数字阅读培训，帮助学生掌握数字阅读技能。

2. 与公共图书馆合作

公共图书馆与社区图书馆是服务广大市民的重要场所。现代图书馆可以与这些机构合作，共享数字资源，开展联合推广活动，扩大数字阅读的影响力。

3. 与文化机构合作

图书馆可以与博物馆、档案馆、文化中心等机构合作，共同推广数字阅读。例如，联合举办数字展览、在线讲座等活动，将数字阅读与文化遗产、艺术欣赏等领域相结合，丰富读者的阅读体验。

4. 与科技企业合作

图书馆可以与科技企业合作，引入先进的数字阅读技术和设备，提升图书馆的数字化水平。例如，与电子书供应商合作，为读者提供丰富的电子书资源；与智能设备制造商合作，为读者提供便捷的阅读设备。

(五)创新服务模式

随着科技的飞速发展,图书馆已经逐渐从传统的实体形态向数字化、网络化转变。现代图书馆数字阅读已经成为一种新的阅读方式,它打破了时间和空间的限制,为读者提供了更为便捷、个性化的阅读体验。然而,如何在众多信息中脱颖而出,吸引读者使用数字阅读,成为现代图书馆面临的重要问题。创新服务模式,提升数字阅读的吸引力和便捷性,是推广现代图书馆数字阅读的有效途径。

1. 创新服务模式,提升数字阅读的吸引力

(1) 个性化推荐服务

现代图书馆可以利用大数据分析技术,根据读者的阅读习惯、兴趣偏好等信息,为他们提供个性化的图书推荐。这种服务模式不仅能让读者更容易找到自己喜欢的图书,还能激发读者的阅读兴趣,提升数字阅读的吸引力。

(2) 互动式阅读体验

图书馆可以引入虚拟现实(VR)、增强现实(AR)等技术,为读者提供沉浸式的阅读体验。例如,读者可以通过 VR 设备进入书中的世界,与书中的人物互动,获得更为真实的阅读感受。这种互动式阅读体验能让读者更加投入地阅读,提高数字阅读的吸引力。

2. 创新服务模式,提升数字阅读的便捷性

(1) 移动阅读服务

现代图书馆应该充分利用移动设备的普及,推出移动阅读服务。读者可以通过手机、平板等设备随时随地阅读图书馆的数字资源,无须受到实体图书馆的开放时间、地理位置等的限制。这种服务模式极大地提高了数字阅读的便捷性,有利于吸引更多读者使用数字阅读。

(2) 自助借还服务

图书馆可以引入自助借还设备,让读者可以自主完成图书的借阅和归还。这种服务模式不仅减少了图书馆工作人员的工作量,还提高了借还图书的效率,让读者能更加便捷地使用数字阅读。

3. 加强宣传推广,提高数字阅读的知名度

除了创新服务模式外,图书馆还需要加强宣传推广,提高数字阅读的知

名度。例如，图书馆可以通过社交媒体、官方网站等渠道发布数字阅读的相关信息，吸引更多读者关注和使用。同时，图书馆还可以举办数字阅读推广活动，如数字阅读讲座、展览等，让读者更加了解数字阅读的优势和使用方法。

创新服务模式是推广现代图书馆数字阅读的有效途径。通过提供个性化的阅读推荐、互动式阅读体验、移动阅读服务和自助借还服务等创新服务模式，图书馆可以吸引更多读者使用数字阅读，提高数字阅读的吸引力和便捷性。同时，加强宣传推广也是提高数字阅读知名度的重要手段。只有不断创新服务模式、加强宣传推广，才能让现代图书馆数字阅读在信息时代中脱颖而出，成为读者喜爱的阅读方式。

总之，现代图书馆数字阅读及推广是信息化时代的必然趋势。图书馆应抓住机遇，充分发挥自身优势，加大数字阅读推广力度，为公众提供更多便捷、高效、个性化的阅读服务。同时，图书馆也要不断创新服务模式，提高服务质量，以满足广大读者的阅读需求，推动数字阅读事业的持续发展。

第三节 现代新媒体与图书馆阅读推广

一、新媒体概述

(一) 新媒体概念

与传统媒体相对的是新媒体。新媒体是通过移动技术、数字技术、无线通信技术、网络技术以及互联网等途径，在数字电视机、手机、平板等的助力下，为用户带来便捷服务的媒体及传播形态。

(二) 新媒体特征

运用新媒体，有利于快速复制传播相关内容，并且对相关信息进行数字化生产、保存，为用户检索与利用提供便利，同时，还能够展开信息和信息之间的转换与链接等。新媒体的特点如下。

1. 价值

媒体是拥有一定价值的特定载体，同样，新媒体也拥有信息传播价值，其是新的时代背景下的一种信息承载模式。它背后有特定的目标群体，可以充分掌控信息传送的时间，也具备传递条件，可以满足人们对信息的需求。此外，它还会创造一定的经济效益。倘若媒体的运营成本比商业效益高，那么，就无法构建媒体的有效价值。

2. 原创性

新媒体中的新，强调的是其原创性，不仅指技术的原创，还包含形态及内容的原创。具体来说，是传递信息渠道的通畅性、参与主体的平等性、意见反馈的有效性以及信息内容的普适性等，而并非简单模仿传统媒体内容和对表达模式的简单调整。

3. 效应

在特定的条件下，各方面因素相互影响，由此构建的特定因果关系，就是效应，也有人称其为关注度等。新媒体要有构建独特效应的能力，要有能够影响特定对象、特定时间以及独特区域的因素，由此形成相应的结果。

4. 生命力

新媒体具有生命力，这是必然的，其要构建延续自身的生命周期。这些年，新媒体蓬勃发展，涌现出许多别具一格的创意，但是生命力突出的新媒体比较少，一系列概念的产生缺乏有效的市场调研，市场定位也不准确，只有"满腔热情"。因此，一部分创意没有得到市场的认可，逐渐退出了市场。这种现象出现的主要原因是其未明确新媒体的核心价值要求，照搬他人的模式，这对其发展非常不利，最后只能黯然收场。

(三) 新媒体的优势

将新媒体和传统媒体放在一起比较、分析，可发现前者的优势比较突出。这里以手机报为例阐述新媒体的优势。

1. 信息传播时效性强

使用传统媒体的人，需要在固定的区域、时间，借助电子媒体、纸质媒体，了解相关信息。而使用新媒体，则会更加方便，如手机报，国内所有地区都可以看到。因此，在新闻重要事件出现时，手机报的即时发布优势就十分明显了。手机报可以动态传递新闻热点事件，及时追踪报道，并且不会被时空影响，可以让观众时时处处都能看新闻、了解相关信息。手机报借助自身突出的优势，快速传递信息、发布新闻，通过最新资讯抢夺观众的眼球。手机报可以在手机中保存，并且观众也有选择的空间，可以选择推迟看或即时收看，就算手机没电关机了，开机之后依旧可以观看。当前，生活节奏加快，时间被细化分割，手机报刚好顺应了信息时代快速消费信息的需求，有利于人们灵活运用一些零散时间，如乘车的时间、等人的时间等接收信息。

2. 与用户的互动性强

手机报还增强了信息和用户的互动性，有利于取得信息传递的反馈。传统媒体的一个显著缺陷，就是无法和用户展开迅速、及时的互动，导致传播效果受限。手机报中的编读互动功能，有利于提升反馈率、增加订阅数，同时，可以将新闻观点、新闻线索等纳入手机报，受众可以借助手机照片、短信以及视频等模式，进行互动。

3. 个性化定制服务

传统报纸是大众媒体的范畴，需面向大众化的观众，主要通过一对多的方式进行传播，通常涉及的内容比较多。新媒体具有个性化特点，可以为用户提供一对一的服务，这样能够促使用户分类订阅，提升订阅量。受众可以根据自身情况与具体需求，借助访问网站、发送短信等方式，订阅自己所需的信息。

4. 表现形式丰富多样

手机报主要是通过数据包这一方式向人们发送信息的，该数据包涉及的因素比较多，如动画、图片与声音等，容量大。如此，人们能够借助各种方式，及时、全面地了解新闻资讯，充分感受新媒体的传播模式，这不仅有利于调动人们的各种感官，还能展开多维阅读。人们看多维新闻的兴趣要高于看纸质新闻，因为多维新闻融合了听觉和视觉，调动了用户观看的积极性。

二、新媒体环境下的图书馆阅读推广

（一）图书馆门户网站阅读推广

1.图书馆门户网站的概念

通过综合型的特定网络，向用户提供相应服务的应用系统，就是门户网站。在发展早期,其可以向用户提供目录及检索服务,随着市场的快速发展,门户网站被迫发展了其他业务,期待借助各类型业务,吸纳更多的网络用户。所以,现在门户网站推行了各种业务,涉及面非常广,被人们喻为"网络超市"。从当前的情况看,其提供的服务包括影音资讯、网络游戏、免费邮箱、网络接入、搜索引擎、网络社区、聊天室、免费网页空间以及电子商务等。

图书馆门户网站,即借助网络联结,图书馆向读者提供信息交流等的平台系统。图书馆门户网站囊括资源、服务、物理馆以及虚拟馆等内容。值得一提的是,其可以与读者进行密切互动,有利于构建互惠互利的、密切的联系。

2. 利用门户网站开展阅读推广的意义

(1) 全面实时地介绍图书馆

在网络发达且普及的今天,门户网站是宣传图书馆的最佳途径,它的最大特点是实时性,也就是说,图书馆工作内容和事件可以在第一时间发布于网站上,读者也可以随时随地登录图书馆网站,了解图书馆动态。

(2) 长期有效地保持互动

图书馆需要保持它的互动性,通过设置一些栏目或者平台,让馆员与读者能够充分地进行交流和沟通。图书馆对读者的一些要求和建议可以通过其传达,读者对图书馆的建议和要求可以通过其发表。图书馆要建立跟踪处置和及时反馈机制,让读者的问题尽快得到解决、读者的需求尽快得到满足,这样才能促进图书馆的良性发展。

(3) 帮助读者解决借阅中的问题与困惑

图书馆门户网站也是阅读交流的一个平台,读者在这里可以就急需的文献资源进行征集,对阅读中出现的问题和困惑进行咨询,可以是馆员与读者之间的互动问答,也可以是读者之间的互动问答。这种多元互动平台,能产生巨大效应。

(4) 提升图书馆服务能力与水平

门户网站是一个开放性的网站,图书馆在网站制作和维护过程中,会不断提高自身的业务水平,也会在读者的帮助下完善相关的制度和措施,改进工作,提升服务能力和水平。

3. 利用门户网站开展阅读推广的内容

(1) 馆情介绍

对图书馆的发展历史进行全面、形象、具体的回顾，以激发馆员的荣誉感和读者的敬仰之意；对图书馆现状进行充分的、客观的、完整的介绍，让读者知晓图书馆的结构、功能、设备、业务范围等，起到入馆导航作用；对图书馆的馆藏状况、开放安排、借阅要求做准确介绍，让读者能顺利、规范地借阅图书，提高到馆率和借阅率。

(2) 文献推介

开辟文献推介专栏，重点推介特色馆藏、畅销图书和重要典籍。网站上的推介可以是滚动式的，也可以是专题性的。其最大的优势是可以将所推介图书的图片、片段、作者背景、读者书评、社会反响等表现出来，让读者更准确地选择、更好地阅读相关文献。

(3) 方法指导

阅读指导也是图书馆通过网站开展的重要阅读活动，可以是宏观上的方法，也可以具体到某种类型的图书或是某一种图书的阅读方法；可以是专题指导，也可以进行系列指导；可以是普遍意义的导读，也可以针对不同的读者群体进行指导。

(4) 阅读交流

为读者架设交流的桥梁，建立微博、论坛、空间等平台，让读者自由发表读后感想，并与读者的手机等移动设备同步，实时互动。

(5) 服务沟通

尽可能将图书馆已开展的业务上网，或者详细介绍业务功能、实施方法；或者开设网络服务功能，如网上预约、网上催还等。

(二) 图书馆电子期刊阅读推广

1. 图书馆电子期刊

图书馆有办报办刊的传统，纸质报刊在图书馆阅读推广中发挥着重要作用。随着信息技术的发展，图书馆纸质期刊已经逐渐失去了它的优势，于是，电子期刊应运而生。图书馆电子期刊以阅读推广为目的，努力让读者多读书、读好书。相比纸质期刊，电子期刊的成本低、易发行、便捷快速。

2. 电子期刊的作用

（1）搭建交流平台

电子期刊主要是为读者和作者搭建交流平台。通过馆员的编辑工作，为读者喜爱的图书开辟专栏，选登精彩片段或链接全文，让作者介绍创作经历，让读者畅谈阅读感言。

（2）导引阅读方向

相比网站的广泛宣传、互动平台的自由交流，电子期刊在编辑的组织下呈现出主题的统一性、内容的整合性、表达的集中性和语言的规范性等特点。尤其是在思想启发和方法引导上，具有正确性和科学性。因此，电子期刊可以引导读者正确的阅读方向与选择科学的阅读方法。

（3）提高阅读质量

有了正确的思想与情感定位，有了科学而严谨的方法，读者的自由阅读也就有了质量保证。电子期刊引导的阅读，虽有大众化的"浅"阅读，但更多的则是专业性、艺术性的"深"阅读。"深"阅读对提高国民的阅读水平和品位具有重大意义。

（4）扩大阅读群体

图书馆电子期刊是便捷的，每一个网民都可以无偿获得。对于读者而言，通过电子期刊了解更多所读图书的内容，能够增加阅读兴趣，也扩充了阅读内容。这样能吸引更多的读者参与阅读和讨论交流，阅读的群体效应自然形成并逐渐放大。

（三）图书馆微博

图书馆微博就是利用图书馆网站或者新浪等公共网站建立图书馆读者交流空间，主要是对图书馆工作进行评价和反馈，侧重于图书阅读心得交流。

许多图书馆开通了微博，其微博内容大多是进行图书推荐、好书介绍、讲座和书展等的推介。与此同时，不少图书馆的馆长也加入了使用微博的行列。微博具有开放性和大众化的特点，已成为图书馆开展阅读推广的一个良好平台，在微博上读者可以自由发表观点和意见。图书馆馆员可以以博主的身份设置图书阅读征集帖，让广大读者积极参与讨论，也可以以普通网友的身份参与交流。图书馆微博易引起关注，易形成微博群，吸引更多的读者阅读，加入讨论。

三、新媒体环境下阅读推广的途径

(一)坚持阅读推广活动传播途径的创新性

随着新媒体的发展，民众的阅读方式有了显著变化，许多人开始了解并使用数字阅读，网络技术的广泛应用使图书馆相关业务与服务面临着新的考验。当前，一部分图书馆基于传统阅读，灵活应用媒体技术，持续展开传播途径和内容的创新，借助互联网平台进行新媒体阅读推广活动，发掘了网上阅读、移动图书馆以及微信等新媒体途径，借助电子读报系统、手机以及真人图书馆等模式，将线上线下融为一体，从而为读者积极交流提供便利。

(二)新媒体与传统阅读推广相结合

在图书馆阅读推广层面，新媒体创建了有效的途径，将传统阅读推广和新媒体技术有机融合，获得了意想不到的效果。

(三)开展新媒体时代个性化特色推广

现在，很多读者，特别是大学生，在数字化时代成长、学习，接受新事物的能力强。所以当前图书馆，需根据读者的特点与兴趣爱好，实施个性化阅读推广活动。

1.在图书馆网站上建立阅读推广主页

高校图书馆可以在自己网站创建推广网页，设置书评数据库、新书推荐、电子期刊以及新书导读等栏目，为大学生阅读好书，提供正确、有效的指导。同时，大学生可以根据自己的兴趣，提出一些话题，借助视频和文字以及音频等方式，与他人交流，对相关文章进行点评，从而推动互动式阅读有序、稳步展开。

2.加强移动图书馆建设

加强移动图书馆建设，开展新媒体阅读推广活动，为目标受众提供各种文献资源。读者可以通过移动图书馆，可快速检索与查询一些论文、电子图书等资源，并借助移动图书馆，开展图书续借等业务。

3.加强新媒体平台利用

在制定新媒体阅读推广决策时,图书馆可以纳入微信等模式。微信与微博凭借自身的移动性和互动性以及自主性等优势,深受大学生的喜爱。通过构建微信公众号等方式,可缩短读者与图书馆的距离,实施有效的阅读推广活动,促使读者逐步向积极主动阅读转变。

结束语

在信息化、数字化的大背景下,现代图书馆面临着图书资料管理的挑战与机遇。为了更好地满足读者的需求,提升图书馆的服务质量,我们需要对图书资料管理进行改革,同时积极进行阅读推广。现代图书馆图书资料管理与阅读推广的策略如下。

一、现代图书馆图书资料管理的策略

随着信息技术的快速发展,现代图书馆的图书资料管理面临着新的挑战和机遇。为了更好地服务读者,图书馆需要采用更加高效、便捷的管理方式,对图书资料进行分类、整理、保存和检索。

(1) 数字化管理

图书馆应积极引入数字化技术,如自动化管理系统、数据库等,实现对图书资料的快速检索和高效管理。

(2) 分类整理

根据图书资料的内容和类型进行分类整理,方便读者查找和借阅,同时,定期更新分类目录,确保信息的准确性和完整性。

(3) 保存环境

为图书资料提供良好的保存环境,包括适宜的温度、湿度、光照等,确保图书资料的完整性和可读性。

(4) 安全管理

加强图书资料的安全管理,确保资料不被泄露和损坏;采用先进的技术手段,如加密、备份等,确保资料的安全性。

二、现代图书馆阅读推广的策略

阅读推广是现代图书馆的重要职责之一,通过多种方式进行阅读推广,可以提高读者的阅读兴趣和阅读能力，促进全民阅读氛围的形成。

（1）建立阅读空间

设立专门的阅读空间，提供舒适的阅读环境，吸引更多的读者前来阅读。

（2）举办阅读活动

定期举办各种形式的阅读活动，如读书会、朗诵比赛、讲座等，激发读者的阅读兴趣。

（3）推广数字阅读

利用现代信息技术，推广数字阅读，方便读者随时随地阅读，同时提供多样化的数字资源，如电子书、有声读物等。

（4）建立互动平台

建立图书馆的社交媒体平台，与读者互动交流，了解读者的阅读需求和反馈，为读者提供更好的服务。

（5）培养阅读习惯

通过多种方式宣传阅读的重要性，培养读者的阅读习惯，提高全民文化素质。

通过采用数字化、智能化管理方式，优化图书资料布局，开展多种形式的阅读推广活动，可以提高图书馆的服务质量，培养读者的阅读习惯，提升他们的文化素养。未来，我们需要继续探索更有效的阅读推广策略，为读者提供更加优质、便捷的服务。

参考文献

[1] 吴丽娟. "互联网+"时代公共图书馆图书资料管理的思考[J]. 采写编, 2024(01): 155-157.

[2] 赵亚波. 图书馆阅读推广的重要性和实施策略探究[J]. 采写编, 2024(01): 167-169.

[3] 邱锦. 基于群智图谱的图书馆智慧阅读推广服务模式研究[J]. 图书馆研究与工作, 2024(01): 52-56.

[4] 何霞雯. 图书馆纸质资料管理研究[J]. 中华纸业, 2024, 45(01): 139-141.

[5] 李若鹏. 图书馆读行阅读推广服务的实践和发展路径[J]. 四川图书馆学报, 2024(01): 72-77.

[6] 陈艳. 我国图书馆阅读推广管理理论的流派与分析[J]. 图书馆学刊, 2023, 45(12): 107-112.

[7] 张明涛. 新媒体时代公共图书馆阅读推广对策探讨[J]. 采写编, 2023(12): 161-163.

[8] 禹雪燕. 融媒体时代图书馆图书资料管理新策略研究[J]. 湖北开放职业学院学报, 2023, 36(23): 122-123+126.

[9] 付晓旭. 大数据时代公共图书馆图书资料管理的创新路径探索[J]. 文化创新比较研究, 2023, 7(34): 109-113.

[10] 张颢. 图书馆图书资料精细化管理体系建设探析[J]. 佳木斯职业学院学报, 2023, 39(11): 139-141.

[11] 张志强. 图书馆文献资料的数字化存储与管理[J]. 文化产业, 2023(33): 43-45.

[12] 张晶晶. 图书馆全民阅读推广工作创新思考解析[J]. 中国报业, 2023(22): 184-185.

[13] 李毅. 创新基层图书馆阅读推广活动 [J]. 文化产业, 2023 (32): 70-72.

[14] 潘胜如. 阅读推广视域下的图书馆空间建设 [J]. 文化产业, 2023 (32): 79-81.

[15] 蔡瑜婉. 智慧图书馆阅读推广策略探究 [J]. 科技资讯, 2023, 21 (22): 219-222.

[16] 李海玉. 新媒体时代公共图书馆图书资料管理探讨 [J]. 参花 (下), 2023 (11): 104-106.

[17] 付静. 大数据助力公共图书馆图书资料管理推陈出新 [J]. 文化产业, 2023 (28): 50-52.

[18] 吴金成. 信息技术在图书馆资料管理和服务中的应用路径探究 [J]. 信息记录材料, 2023, 24 (10): 57-59.

[19] 陈秋华. 数字环境下公共图书馆资料保存策略 [J]. 中国报业, 2023 (18): 218-219.

[20] 王莎. 图书馆图书资料精细化管理体系建设 [J]. 文化产业, 2023 (26): 121-123.

[21] 任小霞. 大数据时代公共图书馆图书资料管理的改革与创新 [J]. 造纸装备及材料, 2023, 52 (09): 170-172.

[22] 魏巍. 浅析图书馆资料数据管理的方法 [J]. 辽宁丝绸, 2023 (03): 108-109.

[23] 李娜. 大数据视域下公共图书馆图书资料管理研究 [J]. 华章, 2023 (09): 174-176.

[24] 何潇. 浅谈互联网时代图书馆如何加强图书资料的信息化管理 [J]. 参花 (下), 2023 (08): 125-127.

[25] 丁富艳. 多管齐下建设当代图书馆图书资料精细化管理体系 [J]. 文化产业, 2023 (21): 88-90.

[26] 柴绪锋. 信息化背景下图书资料管理的优化与创新方法分析 [J]. 科技资讯, 2023, 21 (13): 199-202.

[27] 高婷婷. 图书馆纸质资料酸化损害及防治措施 [J]. 造纸科学与技术, 2023, 42 (03): 55-56+93.

[28] 张成英. 智慧图书馆背景下县级图书馆资料管理的演变与发展研究[J]. 青海师范大学学报（自然科学版），2023，39(02)：93-96.

[29] 辛利花. 谈互联网时代公共图书馆图书资料管理工作[J]. 参花（上），2023(04)：107-109.

[30] 朱李莉. 图书资料管理建设对读者服务的作用分析[J]. 上海轻工业，2023(02)：85-87.

[31] 陈伟. 信息化背景下图书管理的主要问题及对策探讨[J]. 兰台内外，2023(08)：64-66.

[32] 贾艳红. 浅析信息化技术在图书资料管理中的应用[J]. 信息记录材料，2021，22(12)：57-58.

[33] 刘航. 图书资料管理信息化及创新服务的思考[J]. 信息记录材料，2021，22(12)：59-60.

[34] 衣晓燕. 计算机技术在图书馆资料管理中的应用研究[J]. 传媒论坛，2021，4(22)：149-151.

[35] 杨婧. 知识经济背景下图书馆资料管理模式的转型研究[J]. 采写编，2021(09)：179-180.

[36] 张铭丽. 图书资料管理的改革以及创新路径[J]. 科技风，2021(25)：179-181.

[37] 索朗达瓦. 当代图书馆图书资料精细化管理体系建设探讨[J]. 老字号品牌营销，2021(08)：117-118.

[38] 孙欣. 信息化背景下图书资料管理方法研究[J]. 办公室业务，2021(15)：53-54.

[39] 王文杰. 试论互联网时代公共图书馆图书资料管理工作[J]. 办公室业务，2021(15)：157-158.

[40] 高停停，杨丽娟. 新媒体时代图书资料管理的新模式探究[J]. 发明与创新（职业教育），2021(06)：225-226.

[41] 卢海燕. 信息化技术优化图书馆资料管理路径分析[J]. 信息记录材料，2021，22(06)：105-107.